高速公路改扩建工程交通特性
与交通组织关键技术研究

广西桂海高速公路有限公司
广西桂鹿高速公路有限公司　编
中交第二公路勘察设计研究院有限公司

人民交通出版社股份有限公司
北　京

内 容 提 要

本书以柳南高速公路改扩建工程项目为依托，较为全面、系统地阐述了高速公路改扩建工程交通特性与交通组织关键技术。主要内容包括区域路网交通组织、路段交通组织、配套设施和交通组织管理。全书共10章，分别为概述、调研与试验、改扩建作业区运行车速分析、改扩建工作区通行能力研究、改扩建作业区设计速度、改扩建作业区临时保通车道断面布置及优化研究、改扩建作业区中央分隔带开口设置研究、改扩建作业区施工区段长度划分、临时防护设施分类与分级、施工区夜间交通安全保障研究。

本书图文并茂、文字精练，具有较强的可读性与实用性，可供高速公路改扩建工程交通组织与管理相关技术人员学习、参考，也可供高速公路改扩建工程项目建设、监理及施工等单位相关人员学习、参考。

图书在版编目(CIP)数据

高速公路改扩建工程交通特性与交通组织关键技术研究 / 广西桂海高速公路有限公司等编. — 北京：人民交通出版社股份有限公司, 2022.6
ISBN 978-7-114-17994-5

Ⅰ.①高… Ⅱ.①广… Ⅲ.①高速公路—改建—道路工程—研究②高速公路—扩建—道路工程—研究 Ⅳ.①U418.8

中国版本图书馆 CIP 数据核字(2022)第 086889 号

Gaosu Gonglu Gaikuojian Gongcheng Jiaotong Texing yu Jiaotong Zuzhi Guanjian Jishu Yanjiu

书　　名：	高速公路改扩建工程交通特性与交通组织关键技术研究
著 作 者：	广西桂海高速公路有限公司
	广西桂鹿高速公路有限公司
	中交第二公路勘察设计研究院有限公司
责任编辑：	任雪莲
责任校对：	刘　芹
责任印制：	刘高彤
出版发行：	人民交通出版社股份有限公司
地　　址：	(100011)北京市朝阳区安定门外外馆斜街3号
网　　址：	http://www.ccpcl.com.cn
销售电话：	(010)59757973
总 经 销：	人民交通出版社股份有限公司发行部
经　　销：	各地新华书店
印　　刷：	北京虎彩文化传播有限公司
开　　本：	787×1092　1/16
印　　张：	11.25
字　　数：	274千
版　　次：	2022年6月　第1版
印　　次：	2022年10月　第2次印刷
书　　号：	ISBN 978-7-114-17994-5
定　　价：	68.00元

(有印刷、装订质量问题的图书由本公司负责调换)

编委会名单

主　编：姚胜彪

副主编：谭洪河　林同立　白　雷　陈亚振　梁健健
　　　　　李　标　朱　彤　王卫胜　刘　阳　谢　波
　　　　　孙　傲　刘国裕　吕　强　符龙文

参　编：罗　涛　莫荣华　李　斌　陈　晨　文炳辉
　　　　　陶吉坊　黄　鲲　陈雅雄　邓位华　张永奇
　　　　　邵　科

前　言

随着我国高速公路改扩建工程的日益增多，因高速公路改扩建期间部分道路封闭造成的交通拥堵与安全问题受到了广泛的社会关注。这对高速公路改扩建期间交通组织技术提出了更高的要求，交通组织方案设计与设施设置应更精细、更科学、更系统化，才能适应时代发展的要求。反观以往的工程及管理规范仍显宏观，对于高速公路改扩建期间许多具体情况下的交通组织方案缺少指导性。

考虑上述原因，通过归纳高速公路改扩建工程中的研究成果及国内外文献，广西壮族自治区编制了地方标准《高速公路改扩建工程交通组织技术规范》(DB 45/T 2225—2020)。该规范对区域路网交通组织、路段交通组织、配套设施和交通组织管理提出了详细要求。然而，因篇幅有限，该规范无法详细描述研究过程，因此本书对该规范编制过程中的部分研究内容进行详细介绍，以期为高速公路改扩建工程交通组织与管理相关技术人员提供更为具体的指导。

本书共10章，由姚胜彪担任主编，谭洪河、林同立、白雷、陈亚振、梁健健、李标、朱彤、王卫胜、刘阳、谢波、孙傲、刘国裕、吕强、符龙文担任副主编。此外，罗涛、莫荣华、李斌、陈晨、文炳辉、陶吉坊、黄鲲、陈雅雄、邓位华、张永奇、邵科也参与了本书的编写工作。感谢中交一公局第四工程有限公司、保利长大工程有限公司、中交路桥建设有限公司、湖南路桥建设集团有限责任公司对本书编写提供的帮助与支持。

鉴于本书涉及专业内容较多，编者水平有限，书中难免存在疏漏或不足之处，敬请读者批评指正。

编　者

2022年2月

目 录

第1章 概述 ·· 1
  1.1 研究背景 ·· 1
  1.2 国内外研究现状 ··· 1
  1.3 研究内容 ·· 6
  1.4 研究技术路线 ··· 8

第2章 调研与试验 ·· 11
  2.1 调查路段 ·· 11
  2.2 调查内容 ·· 11
  2.3 调查手段 ·· 12
  2.4 调查过程 ·· 15

第3章 改扩建作业区运行车速分析 ·· 21
  3.1 一般路段 ·· 21
  3.2 特殊工点 ·· 22

第4章 改扩建工作区通行能力研究 ·· 27
  4.1 工作区通行能力研究概况 ·· 27
  4.2 工作区通行能力影响因素 ·· 27
  4.3 工作区通行能力分析 ·· 32

第5章 改扩建作业区设计速度 ··· 35
  5.1 改扩建保通路段的车速设计理念 ··· 35
  5.2 设计速度确定方法 ·· 35
  5.3 施工区运行车速研究 ·· 36

第6章 改扩建作业区临时保通车道断面布置及优化研究 ······································· 40
  6.1 侧向余宽 ·· 40
  6.2 侧向余宽路上试验论证 ··· 40
  6.3 作业区车道宽度研究 ·· 42

第7章 改扩建作业区中央分隔带开口设置研究 ··· 66
  7.1 基于交通仿真的微观分析 ·· 66
  7.2 基于TruckSim的交通转换段半挂车侧向稳定性仿真 ·································· 73

第8章 改扩建作业区施工区段长度划分 ··· 101
  8.1 施工区分段长度划分原则 ·· 101

8.2 施工区分段长度影响因素分析 ································· 101
8.3 施工区合理长度度量 ··· 106
8.4 施工区分段长度分析思路 ······································ 109
8.5 施工区分段长度仿真研究 ······································ 110

第9章 临时防护设施分类与分级 ·································· 116
9.1 国内外研究现状 ·· 116
9.2 路侧安全等级灰色评价 ·· 117
9.3 典型工况路侧安全等级分析 ··································· 123
9.4 典型工况临时防护设施选择 ··································· 125
9.5 临时防护设施关键参数确定 ··································· 126

第10章 施工区夜间交通安全保障研究 ··························· 129
10.1 研究背景及意义 ··· 129
10.2 驾驶员夜间特性 ··· 130
10.3 高速公路改扩建工作区夜间交通安全分析 ·················· 137
10.4 夜间施工作业区临时交通安全设施 ·························· 147
10.5 夜间施工作业区临时交通安全设施设置研究 ··············· 156

参考文献 ·· 169
1 法律法规 ·· 169
2 规范、标准、指南 ·· 169
3 研究报告、书籍、论文、统计数据 ······························ 169

第1章 概 述

1.1 研究背景

改革开放以来，我国公路建设迅猛发展，截至2020年底，全国公路通车总里程达到519.81万公里，高速公路通车里程达到16.10万公里，稳居世界第一。随着经济的快速增长，大量早期建设的高速公路已经无法适应日益增长的交通流量，难以满足经济社会发展的需要。为迅速改变这一现状，各地纷纷组织实施高速公路改扩建工程。高速公路改扩建必将成为我国未来很长一段时期道路扩容的一种重要方式。近年来，广西壮族自治区陆续开始高速公路改扩建工程的建设，如柳南高速公路改扩建工程、南北高速公路改扩建工程等。根据规划，广西仍有1200多千米高速公路待实施改扩建工程，对改扩建工程的需求较为强烈。

高速公路改扩建工程一般是在不中断交通、保障一定通行能力的条件下组织实施的。在施工作业的情况下，道路的车道数将减少，正常行驶车辆会受到影响而出现跟驰、换道、减速、合流、分流等现象。另外，路段内施工作业的工人、机械及隔离设施等对车辆的行驶也有不同程度的干扰。这些都将成为安全隐患，影响车辆在施工区内正常行驶，成为施工区内交通事故高发的主要原因。因此，建立有效的高速公路改扩建安全保障体系，明确单位内部组织管理、设施设置、设施保障与突发事件应急处置等方面的标准，对高速公路改扩建工程尤为重要。

广西桂鹿高速公路有限公司借助柳南高速公路改扩建契机，在2018年向广西壮族自治区交通运输厅提出了编制《高速公路改扩建工程交通组织技术规范》(DB 45/T 2225—2020)的建议，旨在总结柳南高速公路改扩建工程项目的经验和教训，适时提出改扩建交通组织规范，为规范广西地区交通组织的技术和管理提供借鉴。该规范的出台对规范广西地区高速公路改扩建起到了巨大的推动作用。

在规范编制过程中，编写组遇到了许多问题，如实际工程中的布设参数差异较大，究其原因，在于缺乏基础性研究，急需通过科研课题等基础性研究予以明确，以支撑规范条文的合理性和科学性。基于此，本书依托高速公路改扩建交通组织关键技术研究课题，旨在对规范中的关键条文、关键数据提供设置依据及研究支撑。

1.2 国内外研究现状

1.2.1 国外研究现状

1) 高速公路施工交通组织方案及管控对策

欧美等发达国家高速公路的建设起步较我国早，高速公路网络已基本建成，因此，他们对高速公路施工交通组织与通行能力已经进行了较多研究。最早开展公路施工区交通安全、交通组织和通行能力研究的地区是美国的得克萨斯州。早在1979年，S. H. Richards 和 C. L. Dudek 就对高速公路养护施工管理策略进行过研究，随后，两人继续对高速公路施工区的通行能力进行了研究（1982）。1981年，M. J. Faulkner 和 S. H. Richards 又对施工区的交通安全及交通控制进行了研究。此后，施工区的各专项研究越来越受到全美各交通部门和研究机构的重视。

1987年，Janson 等人为减轻对作业区的影响做了各种努力，包括优化作业区的交通组织，采用合理的交通控制方法，设置合理的车道封闭位置及作业区长度等。

美国宾夕法尼亚州交通局提出一种作业区合流交通控制方法，具体做法是让驾驶员充分利用全部车道行驶，到作业区附近某一点时再合流，这样可以有效地避免道路交通流混乱，缩短排队长度。1981年，Pain、McGee 和 Knapp 在其有关高速公路作业区交通控制策略评价的报告中提出，通过作业区的车流平均速度因车道封闭形式（左侧车道封闭、右侧车道封闭或中间车道封闭）、使用的交通控制设施以及作业区在道路上所处位置的不同而变化很大。2002年，美国艾奥瓦州立大学的交通研究及教育中心（CTRE）开展了对乡村州际公路施工区合流区域的交通管理战略的研究。

2) 高速公路施工通行能力影响

Virginia P. Sisiopiku 和 Richard W. Lyles（1999）研究了公路作业区的车速特性，分析了作业区的车速分布，以及通车车道数、车道关闭形式和施工人员对车速的影响，发现在作业区车辆的运行速度通常高于限速值，并与通车的车道数有关。此外，Asad J. Khattak 等人（2002）分析了1992—1994年作业区道路交通事故，发现在整个作业时期，道路交通事故数量比非作业时期多21.5%，非伤害事故比伤害事故多，作业时期伤害事故和非伤害事故比非作业时期分别增加17.3%和23.8%，这进一步证明作业持续时间、作业区长度和交通流量与事故发生符合负二项分布模型，随着作业持续时间的增加、作业区长度的增加、交通流量的增加，事故数也在增加。

车流微观特性分析方面，Karen K. Dixon、Joseph E. Hummer、Nagui M. Rouphail 等人（1998）研究了高速公路施工路段排队长度的评估方法。James Migletz、Jerry L. Graham 等人（1999）从交通安全的角度出发对公路施工路段的限速标准进行了研究，建立了施工段交通安全水平与车速限制之间的关系。Yi Jiang（1999）则在印第安纳州某四车道高速公路上获取了大量的实测数据之后分别对拥挤和非拥挤状态下施工区的通行能力、行车速度以及车队疏散率进行了研究。这项研究成果可以用于定量预测施工区的交通拥挤情况，评估交通延误以及分析出行费用。

考虑到影响施工作业区的因素太多，不可能通过建立一个简单的数学公式来表达复杂条件下的作业区通行能力，Yi Jiang 等人（1999）提出了一种基于模糊神经网络模型来估计高速公路作业区通行能力的方法，这一方法与传统经验方法相比，综合考虑了众多影响因素，因而能够更精确地计算高速公路施工作业区的通行能力。Kim 等人（2001）在他们的研究报告中总结了影响高速公路养护维修区通行能力的几个独立因素，包括：①封闭和开放的车道数目；②封闭车道的位置；③大车混入率；④离封闭车道的侧向余宽；⑤施工区长度；⑥道路纵坡度；⑦施工区强度；⑧驾驶员类型；⑨施工持续时间；⑩天气情况等。利用从各州采集到的数据,其建立了一个考虑封闭车道数目、封闭车道的位置、大车混入率、离封闭车道的侧向余宽、施工区长度、道路纵坡度几个主要影响因素的回归方程。Sarasua、Davis、Clarke、Kottapally、Mulukutla等人(2004)提出了施工区通行能力的修正模型,并且在模型开发过程中,对施工区数据的采集和分析方法进行了总结。Benekohal、Kaja-Mohideen、Chitturi等人(2004)在考虑了施工区道路、交通条件以及施工密度等因素的情况下,通过大量的现场调查数据,开发出施工区的速度-流量曲线来估算通行能力,这种方法为道路的设计者和规划者提供了有力的依据。此外,美国《道路通行能力手册》(Highway Capacity Manual,HCM)也对高速公路施工作业区通行能力进行了集成研究(2003)。

1971年,由美国联邦公路管理局(FHWA)负责管理和出版《交通控制设施手册》(MUTCD),到2000年,MUTCD共出版了8版。MUTCD给出了各种道路在进行养护维修等工作时,在作业区范围内进行交通控制所使用的交通控制设施的设计、使用、设置的一般原则和标准,该手册已成为美国的行业标准。MUTCD第六部分阐述了临时交通控制(TTC)方案的重要原则、控制区构成因素、行人及施工人员的安全、交通指挥旗手控制、作业区交通控制设施的设置和使用、典型应用等,为临时作业交通控制提供了依据。MUTCD认为TTC方案通过充分的前期准备工作能够有效减少作业区的交通量,从而减少冲突的发生。

英国交通部门编制的 Traffic Signs Manual 为英格兰、威尔士、苏格兰和北爱尔兰地区的交通标志标线的运用提供了指导。其中第八章为道路施工和临时状况下交通安全措施和交通标志,分为两部分。第一部分为施工作业区设计方案,从作业控制区范围确定、瓶颈位置确定、速度控制、视距考虑以及相关的安全设施方面进行设计和规定;第二部分为施工作业区运行管理措施,具体阐述了交通标志、标线及护栏的设置和运用原则,对不同状况下施工车辆的运行进行了分析,还介绍了排队事件、紧急事件等作业区问题的处理方法。这些规定为现实中道路作业和临时状况处理提供了依据。图1-1和图1-2分别展示了英国和美国双车道公路道路施工控制方案。此外,智能交通技术的运用在交通监测和管理、数据收集、出行相关信息的收集和发布方面起着重要作用。

另外,澳大利亚也制定了《施工区护栏使用、选择和放置指南》。

综上所述,国外在高速公路施工区的交通组织方面的研究相对较为成熟,而关于施工区通行能力及延误方面的研究虽然一直在持续,但大部分采用交通调查结合数理统计的分析方法,由于调查样本的不足或地区的差异性,研究成果大多缺乏代表性,需要进一步完善。

1.2.2 国内研究现状

1)高速公路施工交通组织方案及管控对策

1995年,吴兵、杨佩昆针对影响高速公路养护的风险性因素,诸如交通流状态、作业位置、作业环境、操作水平等,提出了运用灰色系统理论,通过分析历史事故数据,预测高速公路风险度的方法。1995年,吴兵、刘开平应用灰色系统理论研究了高速公路作业区的风险性,得出在作业区采取安全防护措施是必要的,并对公路施工和养护的安全评价与对策进行了研究。2003年,廖济柙结合石安高速公路的运营,从道路通行能力、行车速度、横断面、中央分隔带、天气情况、噪声和尾气方面,分析了高速公路养护区的危险性。

我国在高速公路改扩建方面还处于摸索和理论形成阶段,对于如何进行高速公路改扩建工程交通组织设计,目前还没有科学、合理、实用的理论体系。我国的工程技术人员在沈大和沪宁等高速公路改建的实践中,积累了许多经验和教训,攻克了很多技术难题,不断取得突破和创新。在不中断交通和确保施工安全的情况下进行高速公路改扩建工程在我国还是一个全新的课题。在施工区的交通组织方面,主要有交通运输部颁发的《公路养护安全作业规程》(JTG H30—2015)以及各省(区、市)及所属地方部门制定的施工路段管理办法。此外,《城市道路交通标志和标线设置规范》(GB 51038—2015)也对施工区安全标志的设置作了相应的规定,并给出了部门施工情形下的施工交通组织方案。但是该部分内容基本上沿袭了原有的标志系统,交通组织方案也主要参考国外的标准。此外,吴新开、吴兵(2004)分析了施工区各种行车速度控制方法,并对其中某些方法进行了综合和改进。张丰焰、周伟等人(2006)从理论上对交通组织作了初步探讨,但缺乏结合具体工程的系统研究。冯道祥(2006)利用仿真技术对高速公路改扩建保通方案进行了分析和评价,但是仅对平原微丘地区高速公路的双侧加宽改建有借鉴意义,而没有研究平原微丘地区高速公路单侧加宽改建或山区高速公路单、双侧加宽改建,也没有考虑改扩建工程施工期间雨、雪、雾等恶劣天气下的保通预案。

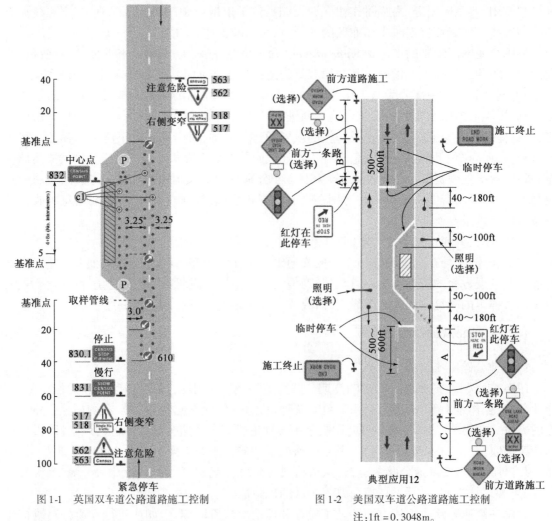

图 1-1 英国双车道公路道路施工控制　　图 1-2 美国双车道公路道路施工控制

注:1ft＝0.3048m。

我国目前主要通过合理的交通分流、必要的临时交通工程设施,分阶段对大货车、全部货车进行限制,并根据工程需要设置临时路牌、警告灯、临时护栏等临时交通工程设施,以保障交通安全、加快施工进度。广东冠粤路桥有限公司的姚斌以广佛高速公路大修工程路面施工项目为背景,对高速公路基本路段的保通方案进行了实验研究,通过试验段分析归纳了双向八车道路段和双向六车道路段具体的施工交通组织实施方案。江苏省交通工程集团有限公司的龚万斌等人结合沪宁高速公路丹阳互通立交改建工程,对互通式立交改建过程中的保通实施方案作了一定的研究。高速公路改建施工的交通组织及管控方案应根据实际情况灵活选择,以保证实施的质量、安全性、经济性、效率。

2)高速公路施工通行能力影响

我国在高速公路改扩建工程施工区通行能力研究方面起步较晚。周茂松、吴兵、盖松雪(2004)应用 Vissim 仿真软件对车道封闭形式、大车率、坡度、作业区长度等几个影响因素进行了微观仿真分析,并得出上述影响因素对作业区通行能力影响的程度从大到小为:车道封闭形式、与封闭车道的侧向距离、一定大车率情况下的坡度、大车率、作业区长度。但由于该研究在 Vissim 中设定的施工区道路交通条件与实际相差较大(如仿真时 Vissim 中没有设置锥形区以及禁止超车等标志),因此模拟的精度受到了影响。冯超铭(2004)从高速公路养护作业施工路段交通安全的角度,分析了施工路段的分段组成,阐述了施工路段交通标志的设置,并引用、比较了国外文献资料介绍的设置参数,介绍了流动作业车辆的施工安全防护。

李永义(2006)对高速公路施工路段各控制段的长度、施工路段限速及安全设施等方面进行了研究,但是没有对不同交通组织形式下高速公路施工路段的通行能力进行深入研究。2005年,何小洲、过秀成等在大量交通调查的基础上,对作业区行车道、超车道和合流车道的车头时距分布,各控制区的地点车速的频率分布和空间分布,车道占有率以及车辆汇入特征进行了分析,为作业区的交通安全研究和管理提供了一定的依据。李硕、谌志强(2006)通过对高速公路交通标志形状、颜色以及标志版面的尺寸、反光材料的选择等方面进行分析,并结合高速公路加宽改扩建的施工组织和交通组织特点,提出了高速公路加宽改扩建中临时交通标志的设计方法和设置原则。

综上所述,高速公路改扩建工程在我国还是一个刚刚开始的新生事物,高速公路改扩建施工建设在交通组织等方面尚未进行过系统的研究,当然也没有成熟的经验可循。目前,关于我国高速公路改扩建工程交通组织及通行能力保障的规范正在编制之中,因此,对高速公路改扩建工程交通组织问题进行研究,具有非常重要的现实意义和前瞻性。

3)国内多车道高速公路改扩建实践案例

以我国广佛高速公路改扩建项目为例,该高速公路于1989年竣工通车,1999年由四车道扩建成部分双向八车道、部分双向六车道,采用双向整体拼接形式。其改扩建工程施工期间的交通组织根据周边道路网和交通量情况,采用外部分流和内部转换相结合的方式,在交通量较大的路段利用相关平行道路分流部分车型的车辆,在交通量较小的路段采用在原有道路上采取双向交通流的方式。

沈大高速公路于1990年建成通车,全长375km,2002年开始改扩建,用三年时间完成了双向四车道改为双向八车道的整体对称拼接改扩建工程,改扩建工程施工期间交通组织为:第一年不封闭交通,车辆正常通行,主要进行路基、桥梁两侧加宽施工;第二年封闭一侧路,另一侧正常通行,封闭侧交通量转移到辅道;第三年封闭另一侧路,其交通量不需转移,在加宽改造完的一侧采取安全措施,实行双向行驶。

沪宁高速公路于2003年开始扩建,采用"两侧拼接为主、局部分离"的"四改八"扩建方案,其间高速公路基本路段和部分互通立交采用单幅通车、单幅施工的保通方案;部分互通立交采用封闭施工但间隔进行的方式;为降低施工组织难度,确保工程质量,在路面、桥梁拼接施工时,利用相关路网进行分流。整个交通组织基本上保证了沪宁高速公路施工期间的交通正常运行。

此外,沪杭甬高速公路于2000年起分段、分期扩建,基本上采用"四改八"的整体拼接形式;连霍高速公路郑州段、京珠高速公路郑州至漯河段、安新高速公路、连霍高速公路潼关至宝鸡段等项目,也都采用整体对称拼接或局部小间距改线建设形式;河南安新高速公路于1997年11月扩建完工,采用双侧整体加宽扩建为双向八车道方案。

以上项目实施方案存在着共同特点:

(1)各项目充分考虑了现有道路资源的有效利用和投资效率,但对改扩建建设模式和标准研究不足,未能从区域长远规划、发展战略、土地等资源的集约配置、环境等影响因素方面分析,项目决策的科学理论依据较为薄弱、公众普及度低,同时增加了项目实施的难度。

(2)为了确保现有交通流安全、畅通地运行,各项目都进行了交通组织设计和实施方案比对优选,但对交通分流和路网资源利用分析不够,缺乏理论依据,造成了实施期间不同程度的交通拥堵,影响了区域正常的交通通行。

1.3 研究内容

基于《高速公路改扩建工程交通组织技术规范》(DB 45/T 2225—2020)的编制要求,本书拟对其中条文涉及的重要内容做课题研究,主要研究内容如下。

1.3.1 保通条件下高速公路交通流特性及驾驶行为特征研究

高速公路改扩建施工期的交通运行特征研究主要从宏观交通流特性和微观驾驶行为特征着手,同时考虑高速公路的保通条件(双向四车道、双向三车道、双向两车道)、典型区域(基本路段、交通流转换区域及关键工点等)、施工阶段(路基施工、路面施工)等综合道路交通状况来开展。

考虑上述规范所依托的柳南高速公路改扩建工程已经完成施工并通车,本书拟通过其他在建的改扩建项目来具体开展研究,或者搜集其他在建改扩建工程相关数据进行研究,将其成果总结成条文,为规范的完善提供参考。

研究改扩建作业区的交通流特性及驾驶行为特征的意义在于,其成果可为作业区段划分规定的依据提供技术支撑。

1.3.2 高速公路改扩建路段交通组织断面布置及关键控制性指标研究

基于保通条件下高速公路交通流、驾驶行为以及交通冲突特征,研究改扩建施工期高速公路的保通车速,侧向余宽,中央转换带长度,客、货车速度协调性评价及分车道行驶策略等影响交通组织关键控制性指标的选取与优化方法。针对各关键控制性指标的研究实施方案具体如下：

1）保通车速研究

通过对不同保通条件下的高速公路改扩建基本路段、交通流转换区域以及关键工点等典型区域的现场调查，获取典型区域的行车速度数据，分析不同区域的行车速度分布和变化特征；基于现场调查和分析结果，开展不同保通条件下的高速公路改扩建典型区域行车速度仿真，分析和评价不同保通车速仿真情况下典型区域交通冲突和交通运行效率特征，并提出各典型区域保通车速优化选择方法。

2）侧向余宽研究

通过开展不同保通条件下典型区域的现场道路条件调查，获取保通车道数、保通车道宽度、侧向余宽等道路横断面基本特征数据；通过统计回归、因子分析、方差分析等方法，研究改扩建高速公路侧向余宽与保通车速、分流车型、交通组成、车道分布之间的定量关系，构建其关系模型；综合交通冲突和交通运行效率等评价指标，分析侧向余宽对交通组织设计的影响；提出与保通车道数、保通车道宽度以及侧向余宽关联匹配的高速公路典型区域最佳横断面形式选取方法。

3）中央转换带长度研究

收集具体施工区段车道转换带的基本资料，基于此建立改扩建高速公路中央转换带仿真模型，通过设置不同的开口位置、长度开展中央转换带交通仿真，基于仿真得到的交通流参数输出与综合评价，提出中央转换带长度最优化设计方法。

4）客、货车速度协调性评价及分车道行驶策略研究

开展改扩建高速公路的典型事故多发位置和施工区实际环境下的道路交通调查和数据采集，分析不同车型、不同车道的速度、时间、空间分布规律，提出合理限速值和分车道限速的确定方法。

1.3.3 作业区临时交通诱导及防护体系研究

我国目前尚无施工区临时交通诱导及防护体系的相关标准规范，造成我国高速公路改扩建施工区安全防护设施设置极其不规范、样式五花八门，主要是在施工区域摆放锥形标（或其他警示桩）隔离，并在施工区前方设置警示标志，如图1-3、图1-4所示。此外也开展了一些对临时标志标线的研究，但成果较少。近年来，随着建造水平的提高，各类新型工艺、设施、设备也陆续出现，如移动钢护栏、新型水马、新型标线材料等。全国各地的高速公路改扩建工程也都有采用这些新设施等，但总体上，由于现行相关规范体系不完善，用于指导高速公路改扩建的作业区设置、作业区配套的交通诱导、防护体系的设置等内容研究较少，且缺乏系统性。

本书在现行规范体系的基础上，对改扩建作业区相应内容予以拓展和延伸，并对作业区的设置、临时交通诱导、防护体系等相关内容作了相应规定。临时防护设施的设置应符合下列规定：

1）混凝土护栏

混凝土护栏适用于改扩建中长期作业区，且作业落差大于3m的危险路段的路侧防护及隔离，也可以作为临时通行桥梁的桥梁护栏。

图1-3 道路施工警示标志

图1-4 道路施工警示桩

2)波形梁护栏

波形梁护栏适用于中长期作业区,且作业落差大于或等于2m且小于3m路段的路侧防护及隔离。

3)混凝土隔离墩

混凝土隔离墩适用于中长期作业区,且作业落差小于3m路段的行车区路侧防护及隔离。

4)移动式钢护栏

移动式钢护栏适用于中短期作业区,且作业落差小于或等于1m路段的路侧防护及隔离。

5)塑料隔离墩

塑料隔离墩适用于短期作业区挖方路段的路侧防护及隔离。

6)交通锥

交通锥适用于短期、临时作业区一般路段的路侧隔离。

本书拟对交通组织配套设置的临时交通工程设施进行系统研究,结合项目改扩建施工的各个阶段、各个工点的工况,在考虑《公路养护安全作业规程》(JTG H30—2015)、《道路交通标志和标线 第4部分:作业区》(GB 5768.4—2017)相关要求的基础上,系统研究临时交通工程设施的设置,为规范条文的编制打下坚实基础。

1.4 研究技术路线

本书研究的技术路线主要包含3个部分,分别介绍如下。

1.4.1 高速公路交通流特性及驾驶行为特征研究

交通运行特征研究主要从宏观交通流特性和微观驾驶行为特征着手,同时考虑高速公路的保通条件(双向四车道、双向三车道、双向两车道)、典型区域(基本路段、交通流转换区域及关键工点等)、施工阶段(路基施工、路面施工)等综合道路交通状况。交通流特性及驾驶行为特征研究技术路线见图1-5。

1.4.2 路段交通组织断面布置及优化

拟通过模拟仿真+现场测试等手段,对路段交通组织关键控制性指标,如保通车速、侧向余宽、中央转换带长度、设置位置、车速协调性及分道行驶等内容进行系统分析,并进行模拟仿真及试验验证。项目研究技术路线如图1-6所示。

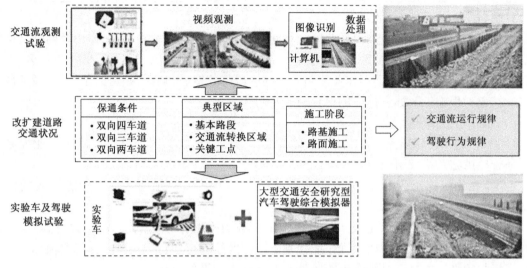

图1-5 交通流特性及驾驶行为特征研究技术路线

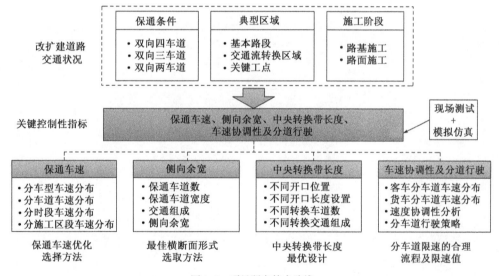

图1-6 项目研究技术路线

1.4.3 作业区临时交通诱导及防护体系研究

1)临时防撞护栏的设置方法研究

根据前期调查、事故分析以及构成要素分析结果,总结出高速公路改扩建工程临时防撞护栏的设置方法,主要步骤如下:

(1)依据交通构成确定临时防撞护栏防撞等级;
(2)根据道路实际情况、造价、景观等因素选择临时防撞护栏形式;

(3)根据施工作业区长度布设护栏。

2)临时防撞护栏的施工安装、维修养护工艺研究

通过现场拆装对比等方法对临时防撞护栏的施工安装工艺以及维修养护工艺进行研究。

3)临时防护体系标志标线的设置方法研究

根据驾驶员驶近、驶入、驶出作业区的时间顺序,以及各区段道路环境、作用及驾驶员接收到的信息的不同,将作业控制区划分为警告区、上游过渡区、缓冲区、下游控制区、工作区、下游过渡区、终止区七个区段。根据作业控制区不同区段的位置、影响区域、道路条件、交通条件等确定改扩建工程施工区标志标线的设置地点和间距。

(1)根据道路横断面形式、交通流特性及交通安全影响因素确定作业控制区长度。

(2)根据施工占用道路横断面情况、交通量、冲突分析、施工区道路环境确定作业控制区的交通管控措施及路权引导方案。

(3)根据作业控制区长度、管控措施及路权引导方案确定作业区交通标志标线的设置方案。

交通标志的设置需要确定改扩建工程施工区域的交通标志类别、设置参数、标志前置距离、重复设置条件及间距;需要根据作业控制区不同区段的交通行为设置相应的交通标线。可变信息标志的设置方法需要结合道路条件和交通标志的设置方法综合确定。

第 2 章 调研与试验

2.1 调查路段

针对柳南高速公路改扩建现状展开调查。其中，G72 泉州至南宁高速公路是国家"71118"高速公路网国道主干线之一，在路网中有十分重要的作用和不可替代的地位。同时，柳南高速公路是《广西高速公路网规划修编(2010—2020)》"6 横 7 纵 8 支线"布局中的主骨架。

柳南高速公路改扩建工程主要采取沿现有双向四车道高速公路两侧拼宽成双向八车道方式。柳州绕城段和来宾绕城段与规划路冲突，因此改新建路方式；磨东红水河大桥、六景郁江特大桥采用单侧拼宽分离式路基方案。项目路段全长 248.7km。

高速公路改扩建工程全路段基本分为五个施工阶段：

第一阶段：左右两幅道路正常通行，填筑路基；

第二阶段：左右两幅道路正常通行，设置临时隔离设施；

第三(四)阶段：左右两幅道路通过中央分隔带转序通行；

第五阶段：完善设施，基本双向八车道通行。

针对本项目的研究内容和调查需要，研究高速公路改扩建施工过程中各关键工点的交通流特征，本次调查主要针对高速公路施工区基本路段及关键工点，其中关键工点包括改扩建交通转换段、互通分合流区、桥梁、服务区等。

2.2 调查内容

高速公路改扩建施工期的交通运行特征调研主要从宏观交通流特性和个体驾驶行为特征着手，同时考虑高速公路的保通条件、典型区域(基本路段、交通流转换区域及关键工点等)、施工阶段(路基施工、路面施工)等综合道路交通状况。

对于宏观交通流特性，主要通过无人机拍摄车流视频并辅以摄像机以及雷达和磁感应装置的方式来进行观测采样，然后结合图像识别和运动追踪等计算机视觉技术，深入分析车辆在典型区域的行驶轨迹特征，并提取交通量、行车速度、车头时距、车头间距等宏观交通流特性参数；对于驾驶行为特征，主要通过开展试验车试验和驾驶模拟试验，来提取不同驾驶员在改扩建高速公路各典型区域的加速、减速、制动、转向操作等微观驾驶行为特征数据。在此基础上，运用数理统计的方法分析施工区的车头时距、运行速度、加减速、行驶轨迹在各个典型区域的连续变化特征，从而获取不同保通条件下典型区域的交通流运行规律和驾驶行为规律。具体调查内容如下：

2.2.1 交通流特性

交通流特性调查内容包括各观测路段昼夜间交通量、交通组成、车头时距、运行速度、车辆运行轨迹等。

2.2.2 道路特性

道路特性调查内容包括观测路段施工期间道路线形、车道划分、侧向余宽、沿线构造物等。

2.2.3 附属设施

附属设施调查内容包括观测路段施工期间隔离设施、(临时)交通标志标线、隔离墩、照明环境等。

2.2.4 驾驶员特性

驾驶员特性通过驾驶员心率获取。

2.3 调查手段

2.3.1 交通流特征数据的获取

昼间通过"无人机观测+路侧区域雷达观测+录像视频识别"并附加"人工数车+雷达枪取样测速"获取交通流特征数据,包括交通量、交通组成、车头时距、运行速度、车辆运行轨迹。

夜间通过"路侧区域雷达观测+录像视频识别"获取自然车流大样本数据,在调查过程中,辅以便携式磁感应车辆检测器等,进行自然车流数据的校核与补充,确保交通流数据的有效性、准确性。

2.3.2 道路特性调查

本项目使用可安装距离测量软件(图2-1)的智能手机对高速公路全线施工区设置情况(施工区间隔、中央分隔带开口距离、侧向余宽设置情况、限速设施、互通立交临时匝道设置情况、立交施工方法、收费站改建情况、路桥施工区设置情况等)进行详尽的观测、记录,分析相关设置的合理性和安全性。

2.3.3 附属设施调查

采用跟车观测法对施工路段全线附属设施设置情况进行观测、记录,包括临时标志标线、隔离墩、中央分隔带,以及夜间照明设施的设置情况。

2.3.4 驾驶员特性调查

本项目利用心率获取设备来获取驾驶员的心率,并进行相关分析,得出驾驶员心理与驾驶行为的关系。

图 2-1　距离测量软件

本项目观测调查过程使用以下几种设备：
(1) 无人机视频识别设备(图 2-2)。
(2) 区域雷达设备。

为获取夜间车辆自然驾驶的车流数据，试验拟采用区域雷达设备(图 2-3)对车辆行为数据进行采集。区域雷达设备可动态追踪车辆的运行轨迹且不受环境光影响，有很高的目标定位精度和速度精度。

图 2-2　无人机设备　　　　　　　　图 2-3　雷达微波车辆检测器

(3) 综合自然试验车。

自然驾驶试验平台(图 2-4)主要集成了转向盘转角传感器、车道位置感知装备、车前置雷达、信息获取传感器、视频监控采集设备等。可开展试验车试验，以采集驾驶员行为信息，同时为雷达采集的区域车辆行为数据采集系统提供校准依据。

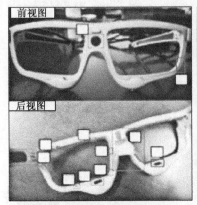
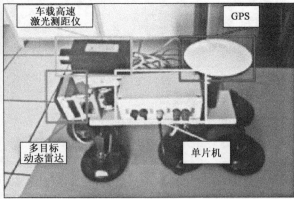
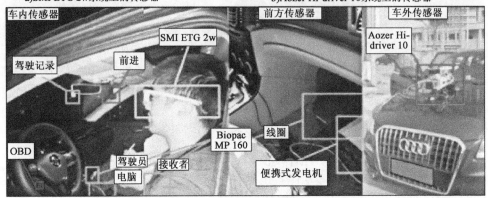

图 2-4　面向驾驶行为研究的自然驾驶试验平台

整套系统的组成及采集的特征数据如表 2-1 所示。

路上试验平台组成及采集的特征数据　　　　　　　　表 2-1

序号	平 台 组 成	采集的特征数据
1	前置雷达	车道偏离量、车头时距、前车车速
2	车载自动诊断系统（OBD）	转向盘转角及转速、车速、加速踏板、制动踏板
3	惯导系统	车辆坐标、轨迹
4	眼动仪	驾驶员注视特征
5	照度仪	视觉环境
6	行车记录仪	行车视频记录
7	光电心率采集设备	被试者心率

(4)视频录像设备。

为了减轻现场数据采集的工作量和提高数据精度,本项目通过架设摄像机拍摄交通状况,然后在实验室观看录像来获取交通流量信息以及大小车比例等数据。录像调查方法的优势是可以对交通视频进行反复观看,并可随时定格,容易获得交通的具体数据。然而录像调查方法也有一定局限性,例如难以拍摄道路范围的全貌,观测的机动性和灵活性也受到一定限制,并且需耗费大量的时间对拍摄图像进行处理。在实际中,通过寻找上跨桥,在其两侧架设多台摄像机对高速公路分别进行拍摄。

2.4 调查过程

2.4.1 一般路段调查

采用跟车调查的形式,对改扩建高速公路全线进行勘察,获取改扩建施工期间道路交通秩序运行情况、交通设施安全性等,分析道路已有的、潜在的交通问题,提出相应的改善方案。

1)路基施工阶段

(1)外侧护栏拆除前。

图 2-5 所示为柳南高速公路改扩建两侧拼宽的路基施工阶段,尚未拆除外侧护栏。按照"先防护,后拆除"的原则,设置外侧的混凝土隔离墩。混凝土隔离墩未连续布设,当车辆以较高速度与之碰撞,会产生严重后果,具有一定的安全隐患。

(2)外侧护栏拆除后。

图 2-6 所示为路基施工阶段,拆除右幅外侧护栏,采取临时护栏和交通锥进行防护诱导,左侧在原有护栏的基础上加设交通锥。由于外侧为平原耕地,车辆驶出道路引起的事故危险程度相对较低,因此可以采取低等级的隔离防护设施。

图 2-5 硬路肩切除前断面

图 2-6 硬路肩切除后断面

(3)挖方路基施工。

图 2-7 所示为路基施工阶段的挖方路段。施工时采用挖掘机自上而下逐级开挖,并逐级支护,通过在路基两侧和边坡上方设置临时彩钢瓦,有效避免工程碎落物进入通行路段,保证

施工期间车辆通行的安全。

2)路面施工阶段

(1)路桥过渡段。

图 2-8 所示为路面施工阶段的桥梁双侧拼宽断面,车辆照常双向四车道行驶。由于路基施工阶段已拆除外侧护栏,而新设的临时防护设施未进行路桥过渡段的端部处理,因此存在一定的安全隐患。

图 2-7　挖方路基施工　　　　　　　图 2-8　桥梁双侧拼宽断面

(2)单幅通车 + 无车道线。

图 2-9 所示位于跨线桥位置,单幅双向四车道通行,保通路面未铺设车道线,车辆运行轨迹明显偏向车道分界线,增大了车辆横向冲突的概率。当交通量处于较低水平时,多数车辆运行在车道正中间。

图 2-9　跨线桥处单幅双向四车道通行

(3)单幅通车 + 侧向余宽。

单幅双向四车道通行,两侧设有 0.75m 侧向余宽,铺设临时标线,是较为规范的保通断面,车辆运行状况良好。

(4)单幅双向两车道通行。

图 2-10 所示为单幅双向两车道通行,车辆行驶空间较小,且对向交通流之间仅用交通锥隔离,安全性差,车辆运行速度低。

2.4.2 特殊工点调查

1)交通转换段上游路段

观测点位于跨线桥下交通转换段上游175m处,车辆由两侧通行转向单幅双向通行(图2-11)。通过雷达观测仪获取车辆速度以及运行轨迹。

图2-10 单幅双向两车道通行

图2-11 交通转换段上游路段

2)交通转换段一:单幅四车道转对向单幅四车道

调查点为交通转换段,双向两车道通车,仅外侧设有侧向余宽,采用交通锥进行隔离,交通转换段开口长度为120余米。通过区域雷达设备获取瞬时车速、运行轨迹等数据;通过摄像机录像获取自然车流大样本数据;通过无人机录像获取交通流数据。

3)交通转换段二:单幅四车道转单幅四车道

调查点施工类型为单幅转单幅,双向四车道,桥下有一段单向四车道通行,从互通入口行驶过来的车辆通过临时匝道汇入车流(图2-12)。交通转换段开口长度100m。内侧车道无侧向余宽,外侧车道单侧有侧向余宽。通过无人机录像获取交通流数据;通过雷达观测仪获取车辆速度以及运行轨迹。

图2-12 交通转换段二

4)交通转换段三:双幅外侧通行转单幅双向通行

调查点为双幅外侧转单幅双向的交通转换段,交通转换段未设置临时标线,对车辆运行轨迹产生一定影响;采取交通锥和水马设施进行隔离诱导(图2-13)。通过无人机录像获取交通流数据;通过雷达观测仪获取车辆速度以及运行轨迹。

图 2-13　交通转换段三

5)交通转换段四:夜间单幅四车道转对向单幅四车道

夜间调查时,通过摄像机录像和雷达获取夜间车辆运行轨迹及速度数据,用于分析夜间车辆运行特征;观察夜间施工路段的照明环境、临时设施视认性等,分析夜间施工区的安全性。

6)交通转换段五

调查点为跨线桥下的双幅通行转单幅通行。转序位置距离桥墩较近,且未设置足够长的渐变段,不利于行车安全,如图 2-14 所示。

图 2-14　交通转换段五

观测位置为双向三车道,由于中墩施工,封闭一侧单车道,形成单侧单车道行驶,处于"二变一"路段。采用交通锥进行隔离,车辆可能越过交通锥,驶入施工车道,存在较大的安全隐患。往南方向为两车道,车道分隔线为实线,禁止变道。处于路基施工阶段,同时中央分隔带封闭施工。采用摄像机、无人机进行录像,获取自然车流大样本数据;采用区域雷达设备获取瞬时车速、车辆运行轨迹等数据。

7)互通立交分流区单向两车道通行

观测位置为互通出口,距离匝道出口鼻端约 100m,属于分流区。高速公路断面形式为双向四车道,封闭内侧车道,采用外侧车道及硬路肩通行,车道分隔线为实线,处于路基施工阶段,同时中央分隔带封闭施工,如图 2-15 所示。采用摄像机、无人机进行录像,获取自然车流大样本数据;采用区域雷达设备获取瞬时车速、运行轨迹等数据。

图 2-15　互通立交分流区单向两车道通行

8)跨线桥中墩施工单向两车道通行

观测位置为双向四车道,封闭内侧车道,采用外侧车道及硬路肩通行,车道分隔线为实线,位于曲线段,由于跨线桥中墩施工,封闭中央分隔带及内侧车道,如图2-16所示。采用摄像机、无人机进行录像,获取自然车流大样本数据;采用区域雷达设备获取瞬时车速、运行轨迹等数据。同时进行夜间调查,采用摄像机、区域雷达设备获取数据。

图 2-16　跨线桥中墩施工单向两车道通行

9)路侧临时开口

图 2-17 所示为路基施工阶段的路侧临时开口路段,主要为施工车辆进出施工区服务,护栏开口长度不足 20m,这就导致施工车必须以很低的运行速度出入,对路段正常行驶的车辆影响较大;且未设置相应的减速、警示的标志、标线,存在较大的安全隐患。

10)临时收费站

原收费站拆除重建,在外侧设临时收费站,收费站单向开放。绕行信息标志牌设在 1km 外,即进入收费站后第一个路口,如图 2-18 所示。

图 2-17　路侧临时开口

图 2-18　临时收费站

第 3 章　改扩建作业区运行车速分析

3.1　一般路段

3.1.1　单幅通车-无车道线

无车道线的不同车型的车速分布如图 3-1 所示。在无车道线的情况下，车辆运行轨迹明显向中心偏移。此外，对向施工区未完全封闭，致使部分车辆错误地行驶在施工区车道，正向道路车流量降低，行车条件良好，车速较高，见图 3-2。

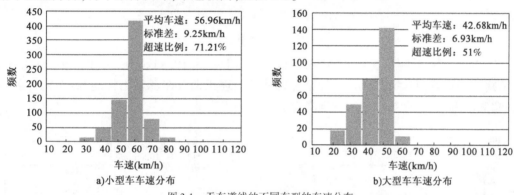

图 3-1　无车道线的不同车型的车速分布

3.1.2　单幅通车-有侧向余宽

按照标准施工要求，单幅四车道，铺设临时标线，两侧设置侧向余宽，车辆运行状况良好，与双向四车道时无明显差异。图 3-3 展示了一般路段有侧向余宽情况下的总体车速分布。

图 3-2　无车道线的单幅双向通行

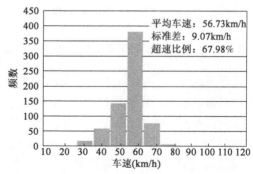

图 3-3　一般路段有侧向余宽情况下的总体车速分布

21

3.2 特殊工点

3.2.1 跨线桥中墩施工单向两车道通行

如图 3-4 所示,双向四车道,无侧向余宽,硬路肩宽约 0.5m,禁止变换车道,限速 60km/h。

图 3-4 跨线桥中墩施工

如图 3-5 所示,观测车速均值为 66.09km/h,标准差为 10.84km/h,超速比例为 60.16%。由于道路线形良好,且禁止变道超车,符合驾驶员心理预期及车辆动力性能,故车辆行驶速度较快,超速比例较高,存在一定的安全隐患。

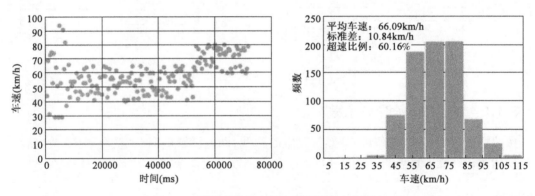

图 3-5 跨线桥中墩施工单向两车道通行车速特征

3.2.2 跨线桥中墩施工"二变一"车道通行

跨线桥施工路段,存在单向封闭两车道,产生"二变一"情况,"二变一"路段交通冲突和交通拥堵严重,通行效率严重下降,且时常发生。

双向三车道,调查往南方向的单车道,无侧向余宽,硬路肩宽约 0.5m,限速 40km/h。观测车速均值为 44.43km/h,标准差为 6.39km/h,超速比例为 87.85%。在交通量较低,路段通行能力骤减的同时,道路运行条件变化较小,且未设置分级限速和监控设备,驾驶员仍能以较高车速通过,产生超速比例极高的现象。

由散点图(图3-6)可以发现,存在车速明显过低,近乎"静止"的车辆,其原因为"二变一"过渡段处,存在车道强行加塞换道现象,致使该车道运行速度低。跨线桥中墩施工"二变一"车道车速-频数分布见图3-7,现场情况见图3-8。

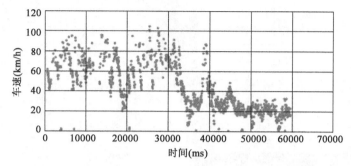

图 3-6 跨线桥中墩施工"二变一"车道车速-时间分布散点图

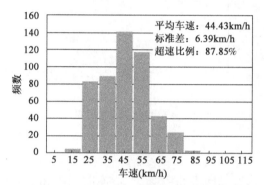

图 3-7 跨线桥中墩施工"二变一"车道车速-频数分布直方图

图 3-8 跨线桥中墩施工单车道通行

当车辆以低流量的车队形式到达时,降速较小、拥堵时间较短,拥堵情况随着车流的前移而消失,整体拥堵呈现周期性变化。当交通量达到一定阈值时,将产生长时间的拥堵现象,由跟驰理论可知,前车的拥堵情况持续地传递到后方车辆,造成该位置产生长时间、长距离的严重拥堵现象。

3.2.3　互通立交分流区单向两车道通行

双向四车道,限速60km/h。观测点位于分流区前约50m,观测车速均值为63.54km/h,标准差为6.67km/h,超速比例为22.5%,如图3-9所示。受分流车辆降速的影响,相对其他工点,该断面行驶车速较低,超速比例相对较低。但分流车辆车速仍然较高,存在一定的安全隐患。

3.2.4　夜间封闭内侧车道通行

双向四车道,无侧向余宽,硬路肩宽约为0.5m,禁止变换车道,限速60km/h,如图3-10所示。

如图3-11所示,观测车速均值为64.56km/h,标准差为9.78km/h,超速比例为36.03%。相对于昼间,夜间平均车速不但不降,反而有略微提升,标准差增大,有较大的安全隐患。

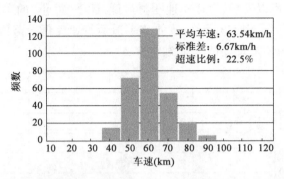

图 3-9 互通立交分流区单向两车道车速-频数分布直方图

图 3-10 夜间封闭内侧车道车辆运行情况

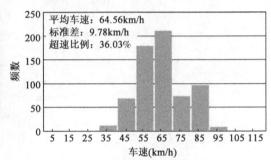

图 3-11 夜间封闭内侧车道车速-频数分布直方图

3.2.5 交通转换段上游

交通转换段上游未施画临时标线,车辆运行轨迹偏向道路内侧,车辆横向间隔相对较小,对驾驶安全有一定影响。交通转换段上游不同车型车速分布见图 3-12 和图 3-13。

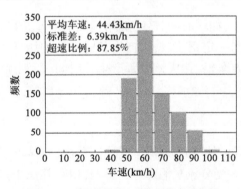

图 3-12 交通转换段上游小型车车速分布

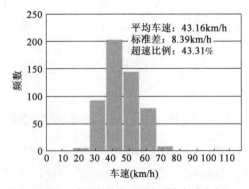

图 3-13 交通转换段上游大型车车速分布

3.2.6 交通转换段昼间运行特征

1) 单幅两车道转对向单幅两车道

图 3-14 和图 3-15 显示了两车道转对向两车道小型车和大型车的车速分布。单幅两车道转对向单幅两车道为标准工况交通转换段,上下行转序之间存在间隔,单侧留有侧向余宽,车辆运行条件较好,如图 3-16 所示。在非跟驰状态下,小型车运行车速较高。大型车平稳通过

高差断面,行驶车速较为稳定,但仍处于超速范围。在跟驰状态下,受大型车影响,整体车速相对稳定。存在较多小型车从内侧车道加速超越外侧大型车的情况。

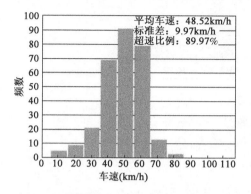 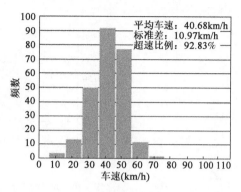

图 3-14　两车道转对向两车道小型车车速分布　　图 3-15　两车道转对向两车道大型车车速分布

图 3-16　单幅两车道转对向单幅两车道

2)二转四转二

交通转换段单幅转单幅(二转四转二)总体车速分布如图 3-17 所示。交通转换段出口连互通出口匝道,因此为两车道转对向四车道再压缩成两车道,如图 3-18 所示。车辆运行条件良好,运行车速较高。

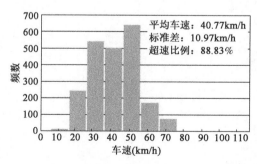 

图 3-17　交通转换段单幅转单幅(二转四转二)总体车速分布　　图 3-18　二转四转二

3）双幅四车道转单幅四车道

交通转换段出口未施画标线，车辆运行轨迹偏向道路中心，行驶车速分布较为集中，如图 3-19 所示。

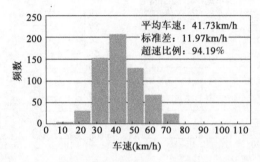

图 3-19　双幅四车道转单幅四车道总体车速分布

3.2.7　交通转换段夜间运行特征

如图 3-20、图 3-21 所示，夜间大、小型车辆车速明显降低，其中大型车降速更为明显。

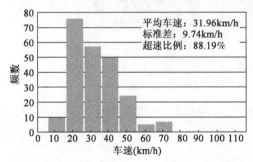 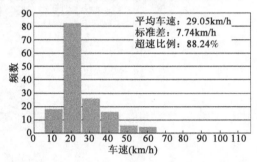

图 3-20　夜间两车道转对向两车道小型车车速分布　　图 3-21　夜间两车道转对向两车道大型车车速分布

第4章 改扩建工作区通行能力研究

4.1 工作区通行能力研究概况

在公路工程工作区通行能力研究过程中,针对高速公路改扩建工程工作区通行能力的界定,提出了多种方法。美国宾夕法尼亚州的一项研究将由道路上观测到的最大5min交通流率转换的小时交通量作为道路改扩建工程工作区通行能力;美国北卡罗来纳州的研究将道路改扩建工程工作区通行能力定义为道路交通流迅速由非拥挤流状况转变为拥挤排队状况时的小时交通流率,并且应用速度-流量曲线来标定通行能力值,此定义接近美国《道路通行能力手册》(HCM2010)中对一般道路通行能力的定义,它将正常条件下的拥挤流状态交通流率作为道路改扩建工程工作区通行能力。Yi Jiang对美国印第安纳州某四车道高速公路改扩建工程工作区进行了12次交通观测,观测结果表明,高速公路交通流在由非拥挤流转变为拥挤流时,总是伴随着平均车速的骤减。因此,他将高速公路交通流在转变为持续低速紊流前的交通流率作为高速公路改扩建工程工作区通行能力。

本书主要针对高速公路改扩建工程工作区通行能力进行研究。目前,国内外尚无关于高速公路改扩建工程工作区通行能力确切的定义,TTI(美国得克萨斯州交通研究所)将其定义为交通拥挤条件下的小时交通流量,符合高速公路改扩建工程施工期间车辆通行"通而不畅"的原则,这对制定高速公路改扩建工程工作区交通组织有实际意义。

4.2 工作区通行能力影响因素

高速公路施工路段交通控制段划分为施工预告段、上游过渡段、上游缓冲段、施工作业段、下游缓冲段、下游过渡段以及施工终止段;车辆运行特性主要表现为汇入车辆造成施工路段交通流的重分布,超车道上车辆优先通行和行车道汇流的强制性。高速公路在改扩建施工期间,其道路条件、交通条件以及交通管制条件等诸多方面发生显著改变,对其通行能力影响很大。影响改扩建高速公路工作区通行能力的主要因素如下:

(1)封闭车道数。

由于高速公路改扩建工程对施工场地的需要,某一时期必须同时关闭一个或多个行车道,由于车道数减少,封闭车道上的原有车辆合流到其他车道或变换到对向车道,造成车流量密度增大,运行速度降低,这将会大大影响高速公路改扩建工程工作区通行能力。若施工期间封闭的行车道数量过多,可能会直接导致高速公路改扩建工程工作区道路交通拥挤、堵塞,甚至交通中断。

Jiang Xing和Hideki Adeli建立了包括17个影响因素的聚类RBF神经网络模型,在其他影响因素不变的情况下,改变其中一个影响因素可以得到相应的通行能力。在工作区车道布置情况变化下的通行能力如表4-1所示。

车道布置情况变化下的通行能力　　　　　　　　　　　表4-1

总车道数(条)	封闭车道数(条)	估计通行能力[veh/(h·ln)]
2	1	1287
3	2	1274
4	3	1171

从表4-1可以看到,对于单独通行的一个车道,工作区通行能力随着总车道数的增加而下降。和两车道高速公路相比,三车道高速公路的估计通行能力仅仅下降了1%,但是四车道高速公路下降了9%。这说明对于四车道高速公路,在选择单车道通行还是两车道通行时,需要对成本效益进行分析。

(2)车道宽度。

与高速公路基本路段通行能力修正一样,高速公路改扩建工程工作区开放的车道宽度对其通行能力有一定的影响。一般认为,当车道宽度达到某一数值时,其通过量能达到理论上的最大值;当车道宽度小于该值时,则通行能力降低。

根据Jiang Xing等人的研究,得到车道宽度变化下的通行能力,如表4-2所示。

车道宽度变化下的通行能力　　　　　　　　　　　表4-2

车道宽度(m)	估计通行能力[veh/(h·ln)]	
	有路面等级	没有路面等级
2.70	1054	1262
2.85	1132	1422
3.00	1225	1615
3.15	1294	1761
3.30	1327	1830
3.45	1339	1856
3.60	1342	1862

结果表明,有路面等级时,估计的工作区通行能力在1054~1342veh/(h·ln)之间变化;没有路面等级时,估计的工作区通行能力在1262~1862veh/(h·ln)之间变化。另外,可以看到,当车道宽度大于3.3m时,通行能力的变化并不明显;当车道宽度小于3.3m时,通行能力随着车道宽度的减小明显降低。

(3)侧向余宽。

侧向余宽的影响包括左侧中央分隔带路缘带宽度的影响和右侧路肩宽度的影响。实际调查表明,左侧路缘带宽度和右侧路肩宽度小于某一数值时(理想条件下规定的标准数值,我国《公路通行能力手册》规定:理想条件下行车道外边缘线与右侧障碍物之间的净宽为1.75m,与左侧障碍物之间的净宽为0.75m),若交通隔离设施或交通安全设施距离行车道过近,会使驾驶员感到不安全,从而减速或偏离车道线行驶,使相邻车道利用率降低。

(4)大、中型车辆比例。

大、中型货车比例较高,并且高速公路交通量车型构成复杂,车型之间的机械和机动性能差距大,动力性能差是造成我国高速公路平均车速较低的主要原因。这是因为混合车流中的大、中型车和特大型车速度较慢,它们在交通流中的比例越高,对小型车的运行速度的影响就越大。特别是在车流为中、高密度时,若车队领头车为一慢车,由于此时超车机会有限,动力性能较好的小型车无法以期望车速行驶,只能以接近慢车车速的速度行驶,导致整个交通流速度偏慢,通行能力降低。同时,由于高速公路改扩建工程工作区根据路基拼接的设计施工,会对路肩进行破除施工,此时会缩窄原有高速公路最外侧车道的宽度及其侧向余宽,造成工作区通行宽度降低,大型车辆通行条件恶化,也会影响其通行能力。不同货车比例情况下的通行能力如表4-3所示。

不同货车比例情况下的通行能力 表4-3

货车比例(%)	8	12	16	20	24	26.2	30
估计通行能力[veh/(h·ln)]	1548	1513	1409	1314	1268	1265	1264

可以看到,工作区的估计通行能力随着货车比例的增加而降低。为了使研究得到的通行能力值具有可比性,需要将混合交通流中的多种车型换算为标准车型,这个换算系数即为车辆折算系数。

(5)工作区限速。

为了提高工作区的安全性,对高速公路改扩建工程工作区进行限速是必要的,因为适当地限制车辆通过工作区的速度,可以均衡车流的速度,从而降低交通事故的发生概率,但速度的限制又会对通行能力产生影响。

(6)工作区长度。

高速公路改扩建工程工作区长度越长,意味着工作强度越大,对原有高速公路车辆通行的干扰越大,驾驶员越需要谨慎驾驶,导致车流速度降低,对工作区通行能力产生影响。

(7)施工强度。

高速公路施工有很多种形式,有长期施工、短期施工,对应不同的施工强度。施工强度主要由施工设施、施工人员以及施工车辆运行密度来刻画,工作区长度也对施工强度有很大影响,工作区的通行能力随着施工强度的增加而降低。施工强度变化条件下的通行能力如表4-4所示。

施工强度变化条件下的通行能力 表4-4

施工强度等级	1	2	3	4	5	6
定性描述	最轻	轻	中等	重	很重	最重
工作类型举例	中央分隔带护栏安装或修理	铺面整修	重铺路面	拆除	路面标线	桥梁维修
估计通行能力[veh/(h·ln)]	1522	1515	1505	1342	1276	1265

(8)道路坡度。

改扩建高速公路工作区通行能力受道路坡度以及施工车辆进出道路的影响。高速公路的最大纵坡坡度通常为6%,其决定高速公路基本元素尺寸和设计速度,影响行程速度,特别是大型车辆在上下坡时所受影响更为明显。美国HCM2010中提出,将不同坡度路段大型车换算成小客车时系数应该分情况考虑,不同坡度对应不同的折算系数,从而造成路段通行能力的折减。Jiang Xing 等人通过对有无斜坡条件下乡村道路的研究,发现其通行能力会出现变化,其参考数值如表 4-5 所示,可以看到,在有斜坡的情况下,工作区通行能力降低了 11.2%。

有无斜坡情况下的通行能力　　　　　　　　　　　　　表 4-5

工作区位置	有 无 斜 坡	估计通行能力[veh/(h·ln)]
乡村	无	1287
乡村	有	1143

(9) 车道封闭形式。

高速公路改扩建工程的施工阶段不同,车道封闭形式也不相同。在对外侧加宽施工时,可能会封闭行车道和硬路肩;在对内侧老路面或中央分隔带施工时,会封闭超车道;在对单幅道路施工时,封闭单幅道路而另外单幅道路双向通行。不同的车道封闭形式会使车辆变换车道的行为不同,由此引起的车流紊乱程度也不同,从而对通行能力产生不同程度的影响。

(10) 驾驶员对环境的熟悉程度。

高速公路改扩建工程施工期间,道路条件、交通条件、交通控制条件以及交通标志、标线设置都会发生变化,这些变化降低了驾驶员对道路环境的熟悉程度,在判断、操作上,驾驶员要比正常情况下更谨慎,注意力更加集中,因此行车速度受到影响,对工作区通行能力也将产生影响。

(11) 天气条件。

恶劣天气,如大雨、浓雾、暴雪等条件对高速公路改扩建工程工作区通行能力有很大影响。研究发现,除下雨持续时间太长导致路面有大量积水的情况外,小雨天气对交通流量影响不大。大雨对可见度有直接的影响,因此其对交通流具有明显影响。Ahmed AL-Kaisy 和 Fred Hall 通过现场实测研究证明了雨雪冰冻天气条件会使高速公路改扩建工程工作区通行能力有一定程度的下降,同时得到结论:在其他条件(比如封闭的车道数、车道宽度等)一定的情况下,雨天使通行能力折减 4.4% ~ 7.8%。国外的研究表明,雨天使高速公路改扩建工程工作区通行能力有 10% 左右的折减。不同天气条件下通行能力折减见表 4-6。

美国 HCM2010 不同天气条件下通行能力折减　　　　　　表 4-6

天气条件类型	天气强度	通行能力折减百分率(%)	
		平均	范围
雨	>0, ≤0.10inch/h	2.01	1.17 ~ 3.43
	>0.10, ≤0.25inch/h	7.24	5.67 ~ 10.10
	>0.25inch/h	14.13	10.72 ~ 17.67
雪	>0, ≤0.05inch/h	4.29	3.44 ~ 5.51
	>0.05, ≤0.10inch/h	8.66	5.48 ~ 11.53
	>0.10, ≤0.50inch/h	11.04	7.45 ~ 13.35
	>0.50inch/h	22.43	19.53 ~ 27.82
温度	<50°F, ≥34°F	1.07	1.06 ~ 1.08
	<34°F, ≥ -4°F	1.50	1.48 ~ 1.52
	< -4°F	8.45	6.62 ~ 10.27

续上表

天气条件类型	天气强度	通行能力折减百分率(%)	
		平均	范围
风	>10,≤20mi/h	1.07	0.73~1.41
	>20mi/h	1.47	0.74~2.19
雾	<1,≥0.50mi	9.67	—
	<0.50,≥0.25mi	11.67	—
	<0.25mi	10.49	—

注：1℃ = 33.8°F,1mi = 1/1000inch = 2.54 × 10^{-5}m。

研究表明，由于下小雨，观测到的自由流运行速度降低 2.0km/h，在流率为 2400veh/h、天气晴朗的条件下，运行速度为 89~95km/h，在下小雨时自由流运行速度降低到 82km/h；大雨天气条件下，自由流运行速度下降 5.0~7.0km/h，在流率为 2400veh/h、天气晴朗的条件下，速度分别为 89km/h 和 95km/h 的交通，因大雨天气条件的影响，其分别降低到 76km/h 和 79km/h。此外，最大流率也会受到大雨天气条件的影响，相对于晴朗天气条件下的观测数据，大雨天气条件下最大流率降低 14%~15%。

降雪的数量和比率对通行能力的影响有着明显区别，小雪对通行能力有轻微影响，而大雪具有很大的潜在影响。大雪期间，若扫雪工作不到位，没有保持道路的相对干净，路面残雪会使得车道标线模糊。研究表明，这种条件下，驾驶员常常在保持更大车头时距的同时加大了侧向余宽，导致三车道高速公路作为只有两条宽的分隔车道的路段使用，对通行能力具有较大的影响。

小雪天气下自由流运行速度只降低了 1km/h，在大多数条件下其影响程度介于小雨和大雨之间，或者能使通行能力降低 5%~10%；大雪天气对速度-流量曲线有着明显的影响，在晴朗的天气条件下，自由流运行速度为 102km/h 和 106km/h，而在大雪条件下其自由流运行速度分别降低了 37km/h 和 42km/h。此外，在大雪上游排队处，其观测的最大交通流量从 2106veh/(h·ln) 下降到 1200veh/(h·ln)，而高峰条件下该状况可能会形成瓶颈交通，最大观测流量由 2400veh/(h·ln) 下降到 1680veh/(h·ln)，这意味着在保持车辆行驶的城市区域，大雪条件将造成通行能力降低 30%。

天气情况变化下的通行能力如表 4-7 所示。由表 4-7 可知，晴天（路面干燥）时工作区的通行能力比雨天（路面潮湿）时的通行能力高 6%，比雪天时的通行能力高 11%。

天气情况变化下的通行能力　　　　　表 4-7

天气情况	路面情况	估计通行能力[veh/(h·ln)]
晴	干燥	1287
雨	潮湿	1213
雪	雪/结冰	1159

(12) 环境影响。

德国相关研究者运用速度-流量-密度关系对现场实测数据进行拟合，得到速度-流量曲线，利用该曲线可计算多种条件下的每个研究点的通行能力，该成果不仅可用于延伸研究，还可用于在雨天和潮湿路面条件下的分析，以及鉴定一些造成通行能力临时折减、白天与夜晚的区别、工作日与非工作日的区别的因素,具体见表 4-8。

不同条件下德国高速公路的通行能力 表 4-8

高速公路类型	工作日或非工作日		白天、路面干燥	夜晚、路面干燥	白天、路面潮湿	夜晚、路面潮湿
六车道 高速公路	工作日	通行能力[veh/(h·ln)]	1489	1299	1310	923
		变化率(%)	—	13	12	38
	非工作日	通行能力[veh/(h·ln)]	1380	1084	1014	—
		变化率(%)		21	27	
四车道 高速公路	工作日	通行能力[veh/(h·ln)]	1739	1415	1421	913
		变化率(%)		19	18	47
	非工作日	通行能力[veh/(h·ln)]	1551	1158	1104	—
		变化率(%)		25	29	

由于路面潮湿,六车道高速公路和四车道高速公路在工作日、白天的通行能力估计分别降低 12% 和 18%,与上面所分析的雨天影响因素条件下的估计基本一致;而在路面干燥情况下,工作日、夜晚对通行能力的影响与雨天条件相同:六车道高速公路和四车道高速公路的通行能力分别降低了 13% 和 19%。其次,冬天较多路段通勤高峰期在夜晚,对该项原因造成的通行能力损失的研究分析很重要。非工作日高速公路通行能力与有通勤交通的通行能力相比,结果要小得多,尽管并未对通行能力的损失比例作出说明,但在白天、路面干燥的条件下,通行能力的损失达到了 7%~10%。

由于工作日基本上所有的通勤者和有规律的旅客比非工作日的旅客对工作区的布局和影响区的交通管制路线更为熟悉,工作日的工作区通行能力比非工作日的工作区通行能力大。由表 4-9 的数据可以看出,非工作日的通行能力比工作日的通行能力小 27%。

工作时间变化下的通行能力 表 4-9

工作时间	工作日或非工作日	估计通行能力[veh/(h·ln)]
白天	工作日	1287
夜晚	工作日	1164
白天	非工作日	934
夜晚	非工作日	847

(13) 其他因素。

除了上述讨论的因素外,还有其他因素影响改扩建高速公路工作区通行能力,如在高速公路互通式立交匝道,尤其是入口匝道在工作区渐变段或延伸至工作区,对工作区通行能力有较大的决定作用。

4.3 工作区通行能力分析

通行能力的计算基本上根据美国 HCM2010 进行,结合不同服务水平下的基本通行能力,综合考虑施工条件下各种通行能力影响因素,进行修正折减,得出各瓶颈点的最终通行能力。该方法对施工区影响因素进行了简化,着重考虑车速限制、行车道数、车道宽度和侧

第4章 改扩建工作区通行能力研究

向余宽、大型车混入率、驾驶员对环境的熟悉程度、施工强度等几个因素,其他因素这里均忽略不计。

$$C = C_0 \times f_W \times f_{HV} \times f_P \times f_i \times n \tag{4-1}$$

式中:C——施工区通行能力,pcu/h;

C_0——限制车速条件下高速公路基本路段每车道的通行能力,pcu/h;

f_W——车道宽度及侧向余宽修正系数;

f_{HV}——大型车修正系数;

f_P——驾驶员对环境熟悉程度修正系数;

f_i——施工区施工强度修正系数;

n——行车道数,取自然数1、2、3…。

4.3.1 限制车速条件下高速公路基本路段每车道的通行能力 C_0

高速公路基本路段的理想条件包括:
(1)车道宽度≥3.75m;
(2)侧向余宽≥1.75m;
(3)车流中全部为小客车;
(4)驾驶员均为经常在高速公路上行驶且技术熟练、遵守交通法规者。

表4-10给出了理想条件下高速公路每车道的基本通行能力值。

理想条件下高速公路每车道的基本通行能力值　　　　表4-10

限制车速(km/h)	120	100	80	60	40
通行能力(pcu/h)	2200	2100	2000	1800	1600

4.3.2 车道宽度及侧向余宽修正系数

美国HCM2010指出,在长期和短期施工通行能力折减模型中,再增加一个车道宽度影响修正系数。对只有标准客车的交通,在车道宽度为3.25~3.5m或3.0~3.5m的情况下,车头时距大约增加10%,而在2.75m宽的车道上,车头时距又增加了6%。在施工区,这些车头时距的增加造成较窄车道通行能力下降9%和14%。

由于柳州(鹿寨)至南宁高速公路改扩建施工组织时全线车道宽度基本保持为3.75m,故无须折减,而侧向余宽在各个施工区时段及施工位置都有差异,对应的不同侧向余宽修正系数取值见表4-11。

车道宽度及侧向余宽修正系数　　　　表4-11

侧向余宽(m)	车道宽度(m)			
	3.75	3.5	3.75	3.5
	行车道一边没有障碍物		行车道一边有障碍物	
>1.75	1.00	0.97	1.00	0.97
1.60	0.99	0.96	0.99	0.96
1.20	0.99	0.96	0.98	0.95
0.90	0.98	0.95	0.96	0.93

续上表

侧向余宽(m)	车道宽度(m)			
	3.75	3.5	3.75	3.5
	行车道一边没有障碍物		行车道一边有障碍物	
0.60	0.97	0.94	0.94	0.94
0.30	0.93	0.90	0.87	0.85
0	0.90	0.87	0.81	0.79

4.3.3 大型车修正系数

大型车修正系数的计算公式如下：

$$f_{HV} = \frac{1}{1 + P_{HV}(E_{HV} - 1)} \tag{4-2}$$

式中：P_{HV}——大型车交通量占总交通量的百分比；

E_{HV}——大型车换算成小客车的车辆换算系数。

注：此折减仅限于客货未分车道行驶，客货分车道行驶时不考虑大型车折减。

4.3.4 驾驶员对环境熟悉程度修正系数

根据驾驶员对高速公路的熟悉程度，尤其是其在高速公路改扩建工程施工区或其相似的路段上的行驶经验以及自身的健康状况来确定驾驶员对环境熟悉程度修正系数。一般认为：具有不同特征(周末、旅游甚至午间)的交通流使用高速公路的效益要低些。随着通行能力的下降，其他各级服务水平的服务流率也会相应降低。

美国 HCM2010 指出，驾驶员对环境熟悉程度修正系数一般在工作日或通勤日取 1.0，其他情况下要结合公路和环境状况，系数可以降至 0.85。

4.3.5 施工区施工强度修正系数

目前，国内尚无高速公路施工区施工强度修正系数的具体量化值，仅从定性的角度说明施工强度对通行能力有不同程度的影响，国外对这方面有一些研究，但也没有具体的计算模型。Ahmed Al-Kaisy 等人(2003)通过多次试验发现，施工区通行能力随施工强度变化幅度较大，一般保持在 0.88~0.98 之间，主要是因为施工强度的影响因素较多。

第5章 改扩建作业区设计速度

5.1 改扩建保通路段的车速设计理念

设计速度对一特定线形路段而言是一固定值,但实际的行驶速度总是随公路线形、车辆动力性能及驾驶员特性等各种条件的改变而变化,只要条件允许,驾驶员总是倾向于采用较高车速行驶。目前的设计方案都是根据道路线形的设计速度的85%位车速来确定其运行车速,因此从公路使用者的安全角度考虑,在保通路段限速方案设计中,需要以动态的观点来考虑实际运行速度,以提高公路的安全性。

运行速度是指中等技术水平的驾驶员在实际道路条件、交通条件、良好气候条件下能保持的安全速度。通常采用测定速度的85%位行驶速度作为运行速度。目前已有的研究成果普遍认为交通流中车辆的85%位车速能够反映车辆的动力性能,所以本书以车辆实际运行速度的85%位速度来衡量车辆的运行特性。

5.2 设计速度确定方法

设计速度需考虑高速公路改扩建施工道路环境、运行速度、道路条件等因素。确定的限制速度应合理,符合道路功能。确定限制速度主要考虑施工路段运行速度,通常采用85%位速度。而85%位速度可通过速度累计频率曲线确定。

5.2.1 步距

自由流交通状态下,通过道路上某观测点的车辆中,车速在15km/h的速度范围内的车辆数最多,这个特定的15km/h的速度范围为步距。

理想的速度分布具有以下特点:
(1)大部分车辆速度集中在一个范围内,85%位速度小于或等于15km/h步距上限;
(2)样本中60%以上的速度在15km/h步距内;
(3)85%位速度和15km/h步距上限相等或接近,作为限制速度。

速度分布如果不满足上述特点,可能是数据采集有问题,也可能是驾驶员对道路环境的感知(表现为速度)和道路实际环境不一致。如果是后者,宜采用其他措施,解决限制速度和道路环境不一致的问题,然后进行速度分布的分析。

5.2.2 道路环境

道路环境包括道路特征及交通特征。

(1)道路特征主要包括道路设计标准和施工区类型,如线形、车道宽度、车道数、施工区长度、施工时长、施工类型等。

(2)交通特征主要包括交通流量与交通构成,交通构成即大小型车辆所占比例。

5.3 施工区运行车速研究

我国高速公路已经进入大规模改扩建时期,为保证高速公路的通行效率,往往采用"边施工边通行"的组织模式,导致施工作业区路段频繁出现。施工作业区路段车道数减少导致运行车辆经常被迫减速、换道、分流、合流以及跟驰,增加了驾驶员的操作强度。另外,施工作业区路段内施工机械及作业人员活动、交通隔离设施等对车辆运行也产生了干扰。施工区已成为高速公路的瓶颈路段,是偶发性交通拥挤及各类交通事故的易发区。运行速度是进行施工区养护安全设施设置及行车安全性评价的重要参数。因此,依据高速公路施工区车速数据的采集与分析,对其进行交通安全和通行效率研究具有重要意义。

5.3.1 调查方法

为研究高速公路改扩建期间车速特性,采用区域雷达设备采集高速路段数据,辅之雷达测速仪、摄像机等设备,对一般路段、交通转换段及局部特殊路段进行交通流特征调查。

5.3.2 车速分布特征

高速公路改扩建期间施工区全线限制车速为80km/h,部分施工区工点采取分级限速策略,分别限速80km/h、60km/h、40km/h。现对以上3个高速公路改扩建限速区段的车辆进行车速分布分析,得到以下特征:

1)一般路段调查

高速公路一般路段限速60km/h,如图5-1所示,调查点1观测车速均值为64.86km/h,标准差为11.33km/h,超速比例为65%。由于道路线形良好,且禁止变道超车,符合驾驶员心理预期及车辆动力性能,故行驶车速较高,超速比例较高,存在一定的安全隐患。

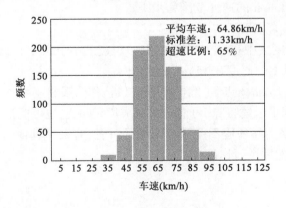

图5-1 一般路段调查点1

如图 5-2 所示，一般路段调查点 2 观测车速均值为 64.73km/h，标准差为 9.49km/h，超速比例为 28%。受分流车辆降速的影响，相对其他调查点，该断面行驶车速较低，超速比例相对较低。但分流车辆速度仍然较高，存在一定的安全隐患。

如图 5-3 所示，一般路段调查点 3 观测车速均值为 65.81km/h，标准差为 13.45km/h，超速比例为 65%。该点调查时段为夜间，相对于昼间，夜间平均车速不但不降，反而有略微提升，标准差增大，有较大的安全隐患。

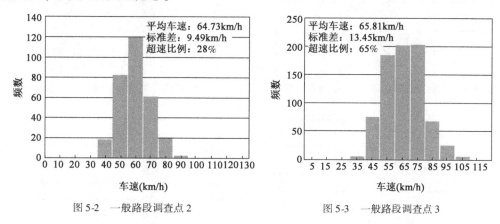

图 5-2　一般路段调查点 2　　　　　图 5-3　一般路段调查点 3

2）交通转换段调查

高速公路交通转换段调查点限速存在 40km/h 及 60km/h 两种情况，但总体上小型车车速未出现明显降低，如图 5-4 所示，标准差为 10.61km/h，超速比例为 93%；而大型车速度显著下降，如图 5-5 所示，但超速比例仍达 87%，车辆间车速标准差较大，车流运行较不稳定。

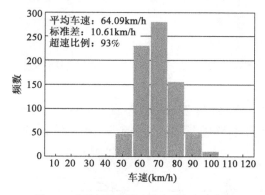
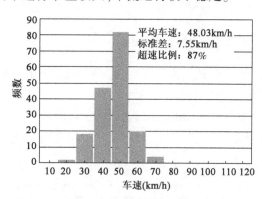

图 5-4　交通转换段调查点小型车车速分布　　　图 5-5　交通转换段调查点大型车车速分布

3）局部特殊路段调查

如图 5-6 和图 5-7 所示，局部特殊路段调查点车辆运行条件较好。在非跟驰状态下，小型车运行车速较高。大型车为平稳通过高差断面，行驶车速较为稳定。在跟驰状态下，受大型车影响，整体车速相对稳定。存在较多小型车从内侧车道加速超越外侧大型车的情况。

如图 5-8 和图 5-9 所示，相较于昼间，夜间限速 40km/h 路段的车辆速度下降，但仍处于超速范围。

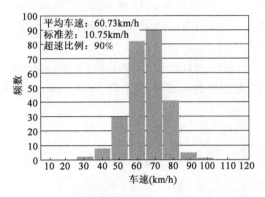
图 5-6 局部特殊路段调查点小型车车速分布

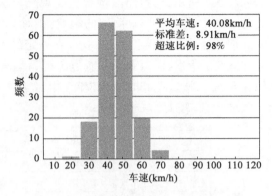
图 5-7 局部特殊路段调查点大型车车速分布

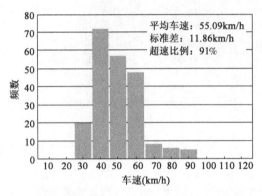
图 5-8 局部特殊路段调查点夜间小型车车速分布

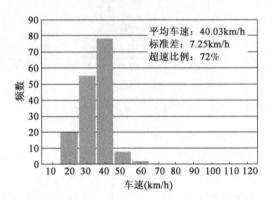
图 5-9 局部特殊路段调查点夜间大型车车速分布

5.3.3 设计速度确定

依据高速公路改扩建施工路段的调查结果，绘制一般路段、交通转换段及局部特殊路段的交通流累计车速分布曲线。

如图 5-10 和图 5-11 所示，一般路段上，小型车 V_{85} 约为 75km/h，大型车 V_{85} 约为 55km/h，大、小型车运行车速差异较大，而考虑一般路段道路特征与交通特征，建议设计速度为 60km/h。

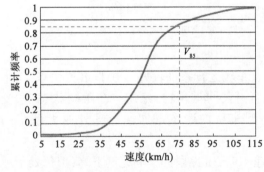
图 5-10 一般路段作业区小型车累计车速分布

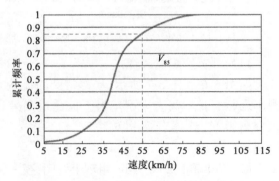
图 5-11 一般路段作业区大型车累计车速分布

交通转换段调查点限速存在 40km/h 及 60km/h 两种情况,但从交通转换段车流累计车速分布曲线(图 5-12 和图 5-13)上看,小型车 V_{85} 约为 71km/h,大型车 V_{85} 约为 47km/h。对于限速为 40km/h 的交通转换段,车辆 V_{85} 依旧处于 60km/h 附近,其限速值与实际运行车速不符,因此,考虑交通转换段设计速度均采用 60km/h,特殊情况可经论证后再做调整。

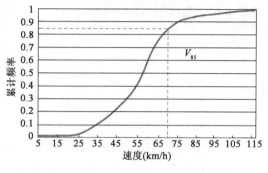 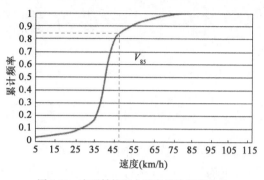

图 5-12　交通转换段小型车累计车速分布　　　图 5-13　交通转换段大型车累计车速分布

局部特殊路段,如在车道数缩减、中央分隔带施工等情况下,根据路段实际运行车速确定限速值。如图 5-14 和图 5-15 所示,车道"二变一"路段限速为 40km/h,但实际运行车速中,小型车 V_{85} 约为 65km/h,大型车 V_{85} 约为 45km/h,其限速值与实际运行车速差异较大,因此,宜调整设计速度为 60km/h。

对于其他局部特殊路段或最不利路段,应采集相应运行车速后确定设计速度。

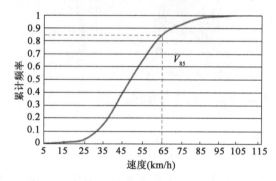 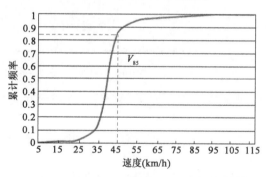

图 5-14　车道"二变一"路段小型车累计车速分布　　　图 5-15　车道"二变一"路段大型车累计车速分布

第6章 改扩建作业区临时保通车道断面布置及优化研究

6.1 侧向余宽

侧向余宽,也称为侧向净宽,根据《公路工程技术标准》(JTG B01—2014),侧向余宽是公路通行车辆在高速行车时,行车道两侧需要预留的一定的富余宽度,即车道边线到障碍物之间的距离,如图6-1所示。

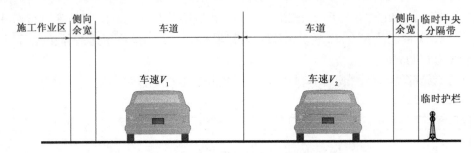

图6-1 临时通行的保通车道断面划分示意图(以单幅通行为例)

为了进一步分析侧向余宽,主要采取路上试验的方式对其进行论证。

6.2 侧向余宽路上试验论证

根据高速路上实测数据,不同侧向余宽下运行车速特征具有显著差异,如图6-2~图6-4所示。当侧向余宽为0.25m时,运行车速显著下降,此外,车速标准差显著高于侧向余宽为0.5m和0.75m时。

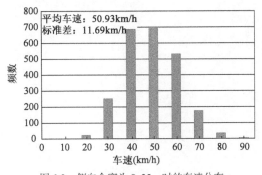

图6-2 侧向余宽为0.25m时的车速分布

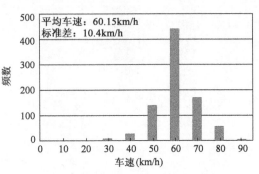

图6-3 侧向余宽为0.5m时的车速分布

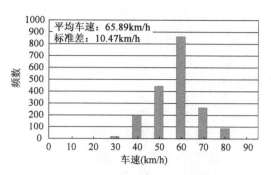

图 6-4　侧向余宽为 0.75m 时的车速分布

（1）依据区域雷达轨迹观测数据，当侧向余宽为 0.25m 时，同向双车道车辆更倾向于靠近车道中心线，交通冲突严重，交通安全水平不容乐观，如图 6-5 所示。

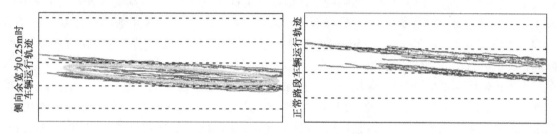

图 6-5　车辆运行轨迹对比

（2）依据不同驾驶员的心率测试数据，当侧向余宽为 0.25m 时，驾驶员心率显著上升，驾驶负荷大，不利于交通安全，如图 6-6 所示。

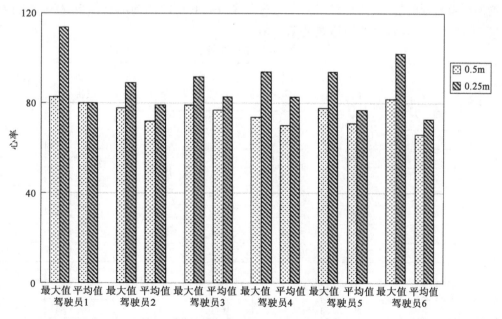

图 6-6　心率测试对比（单位：次/min）

综合上述路上试验，建议临时通行的侧向余宽≥0.50m。

6.3 作业区车道宽度研究

6.3.1 国内外研究现状

1）国内研究

通常情况下,道路使用者往往认为道路横断面越宽越利于行驶安全。但根据其研究机构对我国平原区72条公路进行的横断面安全影响分析发现,上述认识并不完全正确。在一定范围内,随着横断面宽度增加,双车道公路安全水平逐渐提高,当宽度增加到一定程度后,再增加宽度对安全性提高没有贡献,甚至不利于安全,其中路面宽度对死亡率的影响则一直呈上升趋势,这与国外的研究结果基本一致。相对于双车道公路来说,路基宽度对四车道公路安全性的影响相对复杂,规律不如对双车道公路的影响明显。但在一定宽度范围内,路面宽度对事故发生率的影响规律与对双车道公路基本一致,呈先降低后增加的趋势,只是对死亡率的影响规律双车道公路与四车道公路不同。此外,有中央分隔带的四车道公路相对于无中央分隔带的公路,在同样的横断面指标下表现出较高的安全性。小客车专用高速公路与城市道路相似,主要服务对象为小客车。由于车辆不断增加,城市道路交通压力越来越大,城市道路横断面也在逐步优化,行车道宽度逐渐压缩,比如北京市的二环路,设计速度为60～80km/h,大部分路段行车道宽度为3.25m,局部路段已压缩至2.75m;上海市某环路,设计速度为80km/h,大部分路段行车道宽度为3.25m。

（1）行车道。

除了需要考虑车辆宽度外,一条车道的基本宽度还应满足车辆不精确行车动作要求,并能为相邻车道上的车流提供余宽的要求。影响车辆横向运动的因素有驾驶员的驾驶能力、在曲线段增加车道宽度的需求、曲线段车辆的动态横移（移动过分/移动不足）、反光镜位置或横向风,以及设计速度。各级公路车道宽度见表6-1。

各级公路车道宽度　　　　表6-1

公路等级	车道数	设计速度(km/h)	标准车辆宽度(m)	动态净宽(m)	对向交通增宽(m)	计算宽度(m)	使用宽度(m)
高速公路	8	120		1.25		3.75	3.75
	6						
	4	100		1.25		3.75	3.75
	4	80		1.25	0	3.75	3.75
	4	60		1.00		3.50	3.50
一级公路	4	100		1.25		3.75	3.75
	4	60	2.5	1.00		4.00	3.50
二级公路	2	80		1.25		4.00	3.75
	2	40		0.75	0.25	3.50	3.50
三级公路	2	60		1.00		3.75	3.50
	2	30		0.50		3.25	3.00
四级公路	2	40		0.75	0	3.50	3.00
	1	20		0.50		3.00	3.00

(2) 硬路肩。

硬路肩应具有足够的宽度以保证其功能的充分发挥,但过宽的硬路肩将使驾驶员把路肩当成外加的行车道使用。硬路肩实现不同功能所需要的最小宽度见表6-2。

硬路肩功能与最小宽度　　　　　　　　表6-2

硬路肩功能	最小宽度(m)	硬路肩功能	最小宽度(m)
路面侧向支撑	0.5	紧急停车-公共汽车停靠站	3.0
湿度控制	1.0	紧急停车-载货汽车	3.0
紧急停车-小汽车	2.5		

有小汽车紧急停车需要的公路,硬路肩最小宽度为2.5m;无小汽车停靠的公路,硬路肩宽度满足行车安全、路面侧向支撑、湿度控制的需要即可。

(3) 路缘带。

路缘带是硬路肩或中间带的一部分,其主要功能是诱导视线、提供侧向余宽。

高速公路和一级公路右侧应设置0.5m宽的路缘带,右侧路缘带宽度应计入硬路肩宽度之内。

综上所述,国内研究表明,路面宽度达到一定程度后,路面宽度的增加对安全性的提高没有贡献,甚至不利于安全。

以小客车为主的北京、上海城市环路的行车道宽度在3.25m左右,车速可达到60～80km/h。

2) 国外研究

压缩车道宽度是国家经济发展到一定水平、交通规模达到一定程度、土地供应日趋紧张的情况下,解决交通拥堵问题的方法之一。由国外相关资料可以发现,对于大多数国家,均没有系统的小汽车专用公路设计规范,小型车辆专用公路的建设一般均为一事一议。对于大多数欧美发达国家,解决交通饱和主要采用疏导、限制等措施,只有日本明确地提出了小型汽车的专用车道设计规定。

美国一些学者认为,当车道宽度超过11英尺(约为3.35m)后,安全水平难以提高,当车道宽度超过12英尺(约为3.66m)后,甚至不利于行车安全。

日本对公路横断面的研究比较早。为缓解交通拥堵,日本于1994年提出并开始研究小客车专用公路的有关课题,并将小型汽车专用道路称为小型道路。1997年召开专家会议研讨了小客车道路技术标准,并于2002年提出小客车专用公路技术标准。经过近十年的研究,2003年7月修订的《道路构造令》正式发布"小型汽车专用的小型道路技术指标"。

根据日本《道路构造令》,日本国内对道路做了四种分类,分别对应公路和城市道路,其中市区以外的汽车专用公路为第一种,市区汽车专用道路为第二种。同时,每种分类又根据交通量做了不同分级。由于日本的城市分布比较密集,小型汽车普及率较高,因此针对小型汽车出行密集的区域,专门划定了小型道路,将其作为一种单独的形式,并对小型道路的车道宽度、中间带宽度、左侧路缘带宽度及硬路肩宽度等横断面指标都做了相应规定,具体指标见表6-3。

日本《道路构造令》横断面尺寸(单位:m)　　　　表6-3

道路等级		车道宽度		中间带宽度		左侧路缘带宽度		硬路肩宽度	
		普通道路	小型道路	普通道路	小型道路	普通道路	小型道路	普通道路	小型道路
第一种	第一级	3.5	—	4.5	—	0.75	—	2.5	1.25
	第二级	3.5	—	4.5	—	0.75	—	2.5	1.25
	第三级	3.5	3.25	3.0		0.2		1.75	1.0

　　由表6-3可以看出,在横断面各项指标中,车道宽度及硬路肩宽度值中,小型道路都较同级别的要窄;而对中间带及隶属于中间带的左侧路缘带,做了相同的宽度规定。

　　美国由于地广人稀,其高速公路横断面布置比较宽松,主要体现在中央分隔带上。根据《美国国家公路与运输协会标准》相关规范规定,美国公路机动车道宽度范围在2.7～3.6m之间,其中,高速公路要求的宽度为3.6m。硬路肩根据是否有停车需要,宽度设置从0.3～3.6m不等,当不考虑停车时,建议采用不小于0.6m的宽度;对于考虑停车及重交通高速公路,建议硬路肩宽度最小为3m,最好为3.6m。中间带则根据需要,宽度设置范围为1.2～24m。在实际使用中,中间带宽度一般为11m左右,城区和山区公路宽度也不应小于4.9m。美国加利福尼亚州公路委员会的资料显示,随着中央分隔带宽度的增加,对向行车相撞事故的数量明显减少。美国研究人员认为,当中间带宽度大于或等于12.2m时,才能真正将两个方向的车流分隔,对向交通气浪压力及噪声才会减轻,还能降低夜间车灯眩目的影响。由于中间带较宽,有的内侧防撞栏也不再设置。为增加中间带的宽度,大部分路段的预留车道并入中间带内,并种草植树,布置成优美的环境。中央分隔带以凹形为主,仅在市区附近才采用凸形。

　　澳大利亚《公路设计手册》中对高速公路整体式横断面中间带宽度的设计见表6-4。

澳大利亚《公路设计手册》中间带宽度　　　　表6-4

设计速度(km/h)		120	100	80	60
中央分隔带宽度(m)	一般值	3.00	2.00	1.50	1.50
	最小值	2.00	1.50	—	—
左侧路缘带宽度(m)	一般值	0.75	0.75	0.50	0.50
	最小值	0.5	0.5	0.25	0.5
中间带宽度(m)	一般值	4.5	3.5	2.5	2.5
	最小值	3.0	2.50	2.00	2.00

　　汇总国外相关研究成果发现:供小汽车行驶的公路行车道及硬路肩宽度可以适当缩窄。日本公路技术标准中,小型车道最小宽度为2.75m,普通公路行车道最大宽度为3.50m。美国城市车道宽度采用3.05～3.35m,俄罗斯、法国、瑞典等国车道宽度采用3.0m或3.25m。中央分隔带宽度越宽,越有利于行车安全。

　　综合国内外研究,在交通状况、环境等条件较好的情况下,行车道、硬路肩等的宽度可采用多种取值。因此,本书考虑不同车道宽度组成对交通的影响,从而提升改扩建期间的运行效率。

6.3.2 非标准车道宽度下交通流特性

1）高速公路交通流特性及其研究方法

非标准车道高速公路与一般高速公路相比具有明显的差异。在几何线形上，非标准车道高速公路的行车道宽度、纵坡与坡长等指标不同于一般高速公路；在服务对象上，非标准车道高速公路可专供小客车行驶。因此，高速公路的交通流特性也随之改变，例如车速改变等。这种改变取决于驾驶员对前方视野范围内行车道宽度以及侧向余宽的经验判断。对行车道宽度判断结果有时候比较模糊，而对侧向余宽变化的判断相对更为准确。如果行车道宽度明显变窄，并且相邻车道有车辆行驶，驾驶员会认为此时的侧向余宽不满足驾驶习惯的要求，则会改变横向行驶轨迹，以获取满意的侧向余宽。这种侧向调整行为在超车时最为明显。超车时，驾驶员对前方和自身车辆所处横向位置以及侧向余宽的视觉感知较为准确。车道宽度和其他交通环境产生的差异，将直接刺激驾驶员的感知系统，并使驾驶员做出降低速度或者改变行车横向轨迹的反应；同理，类似的侧向偏移行为在高速公路行车道变窄的环境下会经常发生。目前已有研究成果表明，驾驶员对侧向空间的感知和满意程度会对车辆行驶速度产生显著影响，应该一并考虑和分析横向驾驶行为和纵向驾驶行为。另外，非标准车道高速公路服务对象均为小客车，交通流构成相比一般高速公路较为单一，且小客车在动力性能等方面与大型车辆明显不同，尤其是大型货车，因此非标准车道高速公路的车辆运行特征与一般高速公路相比会有一定差异，例如车辆行驶速度分布特性、车头时距分布特性、侧向余宽分布等。

目前，研究道路通行能力的方法主要有基于实测数据的统计分析方法、以交通特性为基础的理论分析方法以及基于交通流模型的交通仿真方法。小客车专用高速公路目前尚处于理论研究阶段，缺乏相应的试验路段以供参考，因而难以获得全面的基础数据和试验条件。针对这一情况，本书在进行该类高速公路通行能力研究时，采用如下研究方法。

首先，选择车道宽度小于标准车道宽度（3.75m）的道路作为研究对象，进行交通流数据采集。从交通流的宏观特性出发，对实际观测的交通流数据，如速度、流量、密度等进行数理统计分析，然后根据各种参数之间的关系得到通行能力值。之后，从微观角度出发，研究高速公路车道变窄（相对于标准车道）条件下车头时距分布特性，分析计算通行能力，并通过由行车轨迹获得的车辆行驶位置分布规律，研究车道变窄后侧向余宽与车辆行驶位置之间的相互关系。该部分微观研究内容以驾驶行为特性为基础，根据驾驶员对外界环境的刺激作出判断后改变驾驶行为这一系列过程来研究车道宽度对驾驶行为的影响，进而分析其对通行能力的影响。

同时，由于本书关注的非标准车道高速公路、城市快速路已建成并投入使用的相对较少，在通行能力研究过程中也借助了交通系统仿真的手段。交通系统仿真是指用系统仿真技术来研究交通行为，通过对交通系统的仿真研究可以得到交通流状态的分布规律、时间和空间变化规律以及其与仿真控制变量之间的关系，从而为进一步分析高速公路通行能力提供依据。

2）高速公路通行能力研究

道路交通流的实际运行特征是微观驾驶行为的宏观表现，非标准车道高速公路条件下的车辆交通运行特征与一般高速公路相比具有一定差异,导致通行能力也随之出现一定变化。本节将从宏观和微观两个方面对高速公路通行能力进行实证研究,利用现场实测数据对高速公路通行能力进行分析和计算。宏观方面,利用实测数据分析不同车道宽度的流量-速度关系,计算最大服务流量和相应的通行能力,从而获得不同车道宽度下道路实测通行能力变化趋势。微观方面,一方面,根据车头时距实测数据(纵向驾驶行为)获得车头时距分布曲线,计算车头时距最小可能值,进而获得相应的通行能力;另一方面,研究车道宽度改变对驾驶行为产生的影响,特别是侧向间距变小后横向驾驶行为的变化。

本节研究内容均以现场实测数据为基础,考虑该类高速公路目前仍处于理论研究阶段,尚无实际建成试验路段,因此在进行现场数据采集时,应尽量保证采集的数据符合小汽车专用公路的标准。在路段选择上,所观测路段均应为高速公路或城市快速路,并属于基本路段,不受匝道附加合流、分流及交织流的影响,能够较为真实地反映路段基本通行能力。在车道宽度选择上,分别选择宽度为 3.5m、3.25m、3.0m 和 2.8m 的高速公路(含部分城市快速路)的连续小客车流进行观测。

(1)宏观交通流特性实证研究。

高速公路的宏观交通流特性,主要通过分析流量-速度关系获得。在小汽车专用条件下,道路几何尺寸与一般高速公路有一定差异,最为直观的是车道宽度变窄以及交通流构成均为小客车,从理论分析上看,这种影响势必使道路交通流运行特性发生变化,交通流量和速度的分布关系会出现一些变化。本书根据不同车道宽度高速公路(含部分城市快速路)基本路段的流量-速度数据,分析高速公路车道宽度变窄条件下服务流量分布变化情况,计算不同车道宽度的高速公路通行能力值。

①流量数据采集与基本数据。

选择在车道宽度分别为 3.75m、3.5m、3.25m 和 2.8m 的高速公路(含部分城市快速路)的路段进行流量数据采集,观测路段均已布设地感线圈,因此在进行流量数据采集时主要使用线圈数据。根据基本路段的要求以及观测路段的实际情况,数据采集点分布在驶入匝道-主线连接处上游 150~200m 至下游 750~800m 以外,驶出匝道-主线连接处上游 750~800m 至下游 150~200m 以外的主路路段。考虑部分城市快速路匝道间距较小,且快速路匝道影响范围相对较小,对于部分快速路而言,将该条件设为:在驶入匝道-主线连接处上游 50~100m 至下游 150~200m 以外,驶出匝道-主线连接处上游 150~200m 至下游 50~100m 以外的主路路段,应距离匝道 100m 以上。

道路地感线圈检测的交通流数据包括流量、速度、占有率、车型、车辆长度等参数。经过基本数据筛选与处理后由 Oracle 数据库系统进行管理,能够反映 20s、5min、1h 统计间隔的线圈数据(线圈数据)和路段数据(多线圈联合数据)。数据删除了有大型车辆通过的统计区间,仅保留小型车通过监测点的统计数据。因此,可以近似认为该数据采集环境已基本符合小汽车专用高速公路交通条件,该条件下对交通流运行情况产生影响的主要因素为道路线形条件和交通流构成,符合针对高速公路通行能力进行分析的要求。

②数据分析实例。

经过筛选后的某路段样本数据流量-速度关系如图 6-7 所示,对应的统计参数如表 6-5 所示。

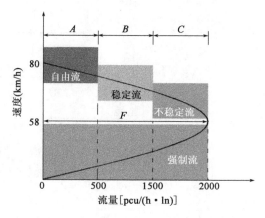

图 6-7 样本数据流量-速度关系

示例路段交通流特性 表 6-5

车道	方向 A			方向 B		
	最大流量 [pcu/(h·ln)]	速度 (km/h)	实测通行能力	最大流量 [pcu/(h·ln)]	速度 (km/h)	实测通行能力
车道1	183	60	2196	171	58	2052
车道2	186	61	2232	168	55	2016
均值	184.5	60.5	2214	169.5	56.5	2034

示例所示的实测通行能力是将该路段各车道检测器在一个月内的统计数据进行汇总统计,选取所有有效样本的95%分位数作为统计标准,对前5%的流量求算术均值,从而得到的该检测器流量的最大均值。研究以实测通行能力值对检测结果进行定义,表示检测得到的实际路段的最大服务流量,对应于流量-速度关系曲线中的极大值区域。该值对应于我国四级服务水平划分标准中四级水平的最大服务流量,或者是美国 HCM2010 划分标准中 E 级水平的最大服务流量。

再以另一实测路段车道 1 的统计数据为例,该车道流量数据分布情况如图 6-8 所示,其95%分位数为144veh/5min,前5%的流量均值为157veh/5min。该统计表示5%的检测流量分布于该均值附近,其他检测流量均低于该均值,其能代表实测数据所能达到的最大流量范围,因此采用前5%的流量均值作为实测数据的最大均值,即实测通行能力值。图 6-9 所示为示例路段车道 1 样本数据流量-速度关系图,其中右侧三角区域为前5%的流量数据统计范围,图 6-8 为统计范围数据点示意图,该图所示范围即为统计最大平均流量的数据点分布范围。

对前5%数据分布区域的流量值求均值,能够将极值分布区域的数据点都进行统计,保证结果能够反映最大服务流量的分布情况。同时,由于研究选取的观测路段的各项特征指标均接近基本路段的特征指标,在线圈实测数据基础上获得的流量数据接近理论通行能力值。因此,从这个角度考虑,采用统计数据最大均值进行基本通行能力求解是可行的,并且线圈实测数据在剔除无效样本和特异样本后,能够保证研究结果的准确性。

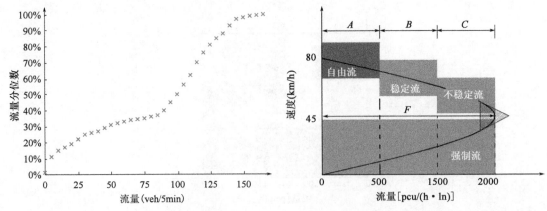

图 6-8 示例路段车道 1 流量数据分布情况　　图 6-9 示例路段车道 1 样本数据流量-速度关系

③流量数据统计分析。

根据实测流量数据,选取车道宽度分别为 3.75m、3.5m、3.25m 和 2.8m 示例样本,各样本内侧车道实测流量数据的统计描述如表 6-6 所示。

实测样本统计描述　　　　　　表 6-6

统　计　项	车道宽度(m)			
	3.75	3.5	3.25	2.8
平均值[pcu/(h·ln)]	1060.22	820.07	747.77	1141.60
中位数[pcu/(h·ln)]	1188	852	804	1284
标准差	640.64	557.77	525.82	423.19
方差	410418	311096.7	276484.6	179093.5
峰度	-1.38	-1.18	-1.35	-0.33
偏度	-0.27	0.13	-0.02	-0.89
区域	2244	2280	1932	1896
最小值[pcu/(h·ln)]	12	12	12	12
最大值[pcu/(h·ln)]	2256	2292	1944	1908
观测样本数	8664	8514	8399	7873
置信度(95.0%)	13.49	11.85	11.25	9.35

根据表 6-6 的统计描述,可以看出各组统计数据的方差呈现随车道宽度变窄而降低的趋势。在概率论和数理统计中,方差用来度量随机变量和其数学期望(即均值)之间的偏离程度。研究显示,标准车道流量分布范围较大,流量偏离均值范围较大;当车道变窄时,流量偏离均值范围变小。在数据统计方面,可以反映为方差减小。需要说明的是,2.8m 宽车道的均值大于 3.25m 和 3.5m 宽车道的均值,这主要是因为该车道处交通需求较大,检测时段内流量均处于较大值范围内,这也是该处道路由双车道改为三车道的原因。尽管该处检测数据均值稍

大,但是由于数据分布范围变小,其方差较前几组数据依然呈现减小趋势。

为从统计学角度验证车道宽度造成流量数据的显著性差异,本书采用 F 检验和 t 检验对样本数据进行统计分析,检验各组数据方差分布特性。

F 检验法是英国统计学家 Fisher 提出的,主要通过比较两组数据的方差 S_2,以确定它们的精密度是否有显著性差异。至于两组数据之间是否存在系统误差,则在进行 F 检验并确定它们的精密度没有显著性差异之后,再进行 t 检验。从表 6-7 所示的 F 检验结果可以看出,标准车道与其他四组不同宽度车道的检测数据之间存在显著性差异。根据 F 检验值,四组数据之间的均值具有统计学意义上的显著性差异,显著水平均小于 0.001。由此可以认为,车道宽度的改变导致检测数据呈现差异。

实测数据 F 检验结果　　　表 6-7

统计项	标准车道与 3.5m 宽车道		标准车道与 3.25m 宽车道		标准车道与 3.0m 宽车道		标准车道与 2.8m 宽车道	
平均值[pcu/(h·ln)]	1060.22	820.07	1060.22	747.77	1060.22	993.23	1060.22	1141.60
方差	410418	311096.7	410418	276484.6	410418	342815.7	410418	179093.5
观测样本数	8664	8514	8664	8399	8664	4159	8664	7873
自由度	8663	8513	8663	8398	8663	4158	8663	7872
F 检测值	1.319		1.484		1.197		2.292	
$P(F\leqslant f)$ 单尾	<0.001		<0.001		<0.001		<0.001	
F 单尾临界值	1.036		1.036		1.045		1.037	

实测数据的 t 检验结果如表 6-8 所示。以 t 单位临界值作为检验标准,各组数据的检验结果均表明二者的显著差异性,即车道宽度改变了流量分布情况。

实测数据 t 检验结果　　　表 6-8

统计项	标准车道与 3.5m 宽车道		标准车道与 3.25m 宽车道		标准车道与 3.0m 宽车道		标准车道与 2.8m 宽车道	
平均值[pcu/(h·ln)]	1060.22	820.07	1060.22	747.77	1060.22	993.23	1060.22	1141.60
方差	410418	311096.7	410418	276484.6	410418	342815.7	410418	179093.5
观测样本数	8664	8514	8664	8399	8664	4159	8664	7873
合并方差	361191.1		344491.5		388493.8		300288.8	
假设平均差	0		0		0		0	
自由度	17176		17061		12821		16535	
t 检验值	26.185		34.771		5.697		-9.538	
$P(T\leqslant t)$ 单尾	<0.001		<0.001		<0.001		<0.001	
t 单尾临界值	1.645		1.645		1.645		1.645	
$P(T\leqslant t)$ 双尾	<0.001		<0.001		<0.001		<0.001	
t 双尾临界值	1.960		1.960		1.960		1.960	

(2)基于实测流量数据的高速公路通行能力。

根据实测数据,在进行统计分析的基础上,将4种不同宽度车道的典型数据绘制成流量-速度曲线,以此进行直观对比,并计算对应于我国四级服务水平划分标准中二级服务水平的服务流量(设计通行能力)。

①3.5m宽车道。

根据从宽度为3.5m的车道中采集的流量数据绘制的典型流量-速度关系曲线如图6-10所示。根据图中关系,在实测数据中选取典型路段的流量数据,对内侧和中间车道的数据求几何均值,并以此作为估计流量-速度分布关系的基本依据。通过对典型数据样本的分析可知,在3.5m宽车道条件下,近似得到最大服务流量为2050pcu/(h·ln)。

根据图6-10的实测数据,可以得出对应的交通流服务水平划分情况,如图6-11所示。图中虚线为实测数据,对应的自由流速度为80km/h。采用插值的方法,将该流量-速度关系扩展至自由流速度分别为100km/h和120km/h的情况,如图6-11所示。对应二级服务水平的最大服务流量分别为1430pcu/(h·ln)和1600pcu/(h·ln),通行能力分别为2175pcu/(h·ln)和2200pcu/(h·ln)。

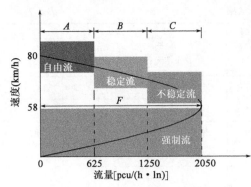

图6-10 3.5m宽车道流量-速度关系

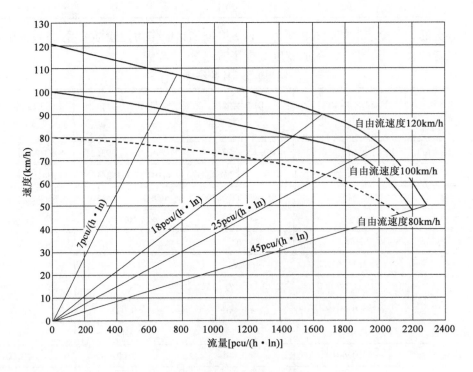

图6-11 3.5m宽车道服务流量分析

②3.25m 宽车道。

3.25m 宽车道典型流量-速度关系如图 6-12 所示。在 3.25m 宽车道条件下，实测数据最大服务流量分布在 1850~2050pcu/(h·ln) 范围内，近似得到最大服务流量为 1950pcu/(h·ln)。

根据图 6-12 的实测数据，可以得出对应的交通流服务水平划分情况，如图 6-13 所示。图中虚线为实测数据，对应的自由流速度为 80km/h。采用插值的方法，将该流量-速度关系扩展至自由流速度为 100km/h 的情况，如图 6-13 所示。对应二级服务水平的最大服务流量为 1410pcu/(h·ln)，通行能力为 2000pcu/(h·ln)。

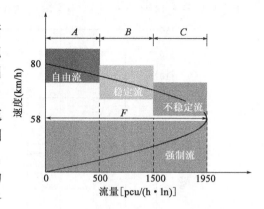

图 6-12　3.25m 宽车道流量-速度关系

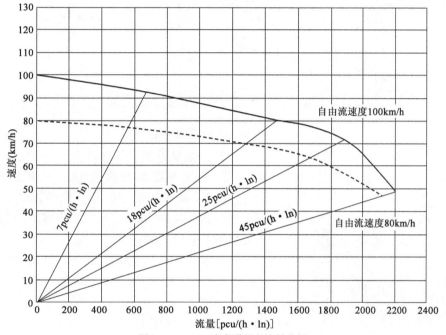

图 6-13　3.25m 宽车道服务流量分析

③3.0m 宽车道。

3.0m 宽车道典型流量-速度关系如图 6-14 所示。在 3.0m 宽车道条件下，实测数据最大服务流量分布在 1800~2000pcu/(h·ln) 范围内，近似得到最大服务流量为 1900pcu/(h·ln)。

根据图 6-14 的实测数据，可以得出对应的交通流服务水平划分情况，如图 6-15 所示。图中虚线为实测数据，对应的自由流速度为 70km/h。采用插值的方法，将该流量-速度关系扩展至自由流速度为 80km/h 的情况，如图 6-15 所示。对应二级服务水平

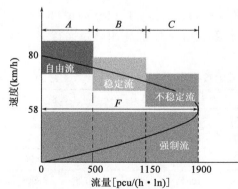

图 6-14　3.0m 宽车道流量-速度关系

的最大服务流量为1150pcu/(h·ln),通行能力为1900pcu/(h·ln)。

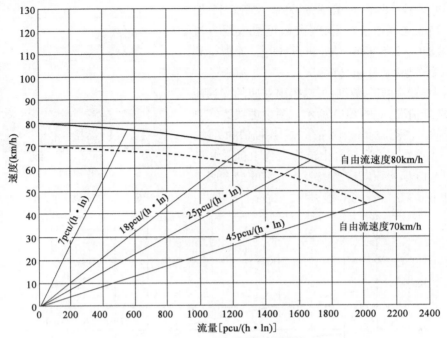

图6-15 3.0m宽车道服务流量分析

④2.8m宽车道。

2.8m宽车道典型流量-速度关系如图6-16所示。在2.8m宽车道条件下,实测数据最大服务流量分布在1700~1850pcu/(h·ln)范围内,近似得到最大服务流量为1750pcu/(h·ln)。

根据图6-16的实测数据,可以得出对应的交通流服务水平划分情况,如图6-17所示。图中虚线为实测数据,对应的自由流速度为80km/h。采用外推的方法,将该流量-速度关系扩展至自由流速度为60km/h的情况,如图6-17所示。对应二级服务水平的最大服务流量为890pcu/(h·ln),通行能力为1650pcu/(h·ln)。

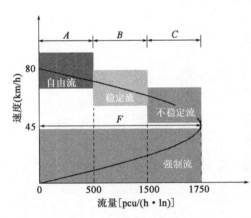

图6-16 2.8m宽车道流量-速度关系

汇总上述分析计算结果,可以获得不同车道宽度条件和设计速度的高速公路通行能力推荐值,如表6-9所示。

基于实测数据的高速公路通行能力推荐值　　表6-9

车道宽度(m)		3.5			3.25		3.0		2.8
设计速度(km/h)		120	100	80	100	80	80	80	60
基本通行能力 [pcu/(h·ln)]	实测值	2200	2175	2050	2000	1950	1900	1750	1650
	推荐值	2200	2150	2050	2000	1950	1800	1750	1600
设计通行能力 [pcu/(h·ln)]	实测值	1600	1430	1220	1410	1200	1150	1075	890
	推荐值	1600	1400	1200	1350	1150	1100	1050	850

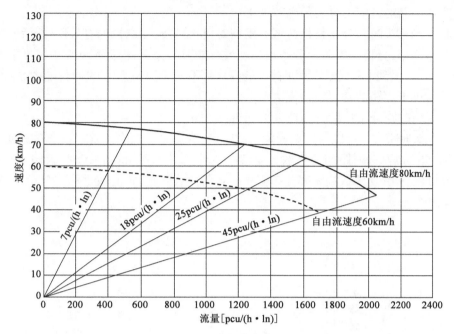

图 6-17 2.8m 宽车道服务流量分析

上述推荐值是对与小汽车专用高速公路几何条件和交通流运行条件类似道路的实测流量数据进行分析和计算的结果,尽管已尽可能保证排除不符合该类高速公路运行条件的干扰因素,但是通行能力属于多种因素综合作用的结果,该推荐值仍需要结合其他研究方法得到的结论进行综合分析和评价。

(3) 微观交通流特性实证研究。

微观交通流特性能够直观反映驾驶员在道路环境中的驾驶行为特征,该特征是驾驶员受到道路因素、环境因素、驾驶员个人因素等多种因素综合作用的结果,同时宏观交通流特性也是微观交通流特性的复杂耦合作用的体现。小汽车专用高速公路条件下,驾驶员感知道路条件发生变化后会调整驾驶策略,进而影响交通流整体运行情况。为全面分析高速公路通行能力,本书从纵向驾驶行为和横向驾驶行为两个方面展开,分别对车辆行驶时的车头时距和横向驾驶位置选择行为进行分析,并在此基础上进行通行能力的分析和计算。

① 纵向驾驶行为研究。

车头时距分布是体现驾驶员纵向驾驶行为的重要参数,能够直观反映车辆行驶过程中单个车辆的速度、车间距选择特性,特别是速度选择特性,是驾驶员对外部环境影响的综合作用的结果。在小汽车专用道条件下,道路线形条件等因素的改变会导致驾驶员的速度选择行为发生变化,直接体现在车头时距分布特性上。因此,研究车头时距分布规律对于确定高速公路通行能力具有重要意义。

交通流经典理论指出,当交通流处于自由流状态时,车头时距处于完全随机状态,服从负指数分布;当交通流处于接近饱和或饱和状态时,交通量接近通行能力,车头时距在一定数值附近变动,服从常态分布。通常交通流大多处于随机状态,即介于上述两者之间,这种状态常用 Pearson 模型描述。根据车头时距分布特性与纵向驾驶行为特性的关系,利用车头时距分布

规律进行高速公路通行能力分析的思路如下:

首先将实测车头时距分布特性与经典模型对比,验证观测结果的有效性;然后研究实测车头时距的分布规律,分析车头时距分布规律与通行能力的关系,根据不同车道宽度下车头时距累计曲线,进一步得到通行能力累计曲线;最后分析不同车道宽度下的通行能力累计曲线,得到不同车道宽度下道路的基本通行能力。

a. 基于车头时距分布特性的高速公路通行能力分析。

将实测车头时距分布特性与经典模型对比,检验观测结果的有效性。以车道宽度为3.25m的道路为例,将实测车头时距与负指数分布、PearsonⅢ车头时距分布情况对比,如图6-18所示。从对比情况可以看出,实测数据频率分布明显高于负指数分布,实测数据频率分布与PearsonⅢ分布拟合效果较好。

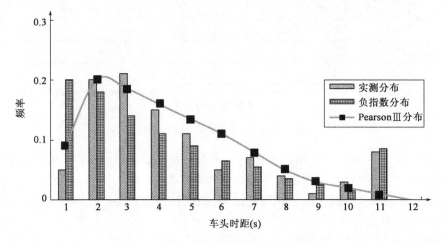

图6-18 车头时距实测数据与理论模型对比

根据不同数据样本的对比分析情况,在1~10s范围内,实测车头时距与PearsonⅢ分布拟合较好,而大于10s对通行能力的研究并没有太大的意义,小于1s的车头时距出现的概率很小。所以,研究采用χ^2检验法(也称拟合优度χ检验法)进行检验,检查选择的PearsonⅢ分布形式是否合理。检验结果显示,在1~10s范围内,实测车头时距与PearsonⅢ分布拟合效果较好,但是在小于1s、大于10s的范围,实测车头时距与PearsonⅢ分布拟合度较低,这反映了实际观测的路段并不是处于标准的自由流、稳定流、饱和流状态,而是处于三种状态之间。

b. 实测车头时距分布特性。

根据路段宽度分别为3.75m、3.5m、3.25m的车头时距观测数据,利用PearsonⅢ分布进行拟合,获得不同车道宽度条件下的高频车头时距分布情况,如表6-10所示。

高频车头时距分布统计表   表6-10

3.75m			3.5m			3.25m		
区间(s)	最高频率	平均值(s)	区间(s)	最高频率	平均值(s)	区间(s)	最高频率	平均值(s)
1~2	0.22	1.54	1~2	0.48	1.63	1~2	0.28	1.84

由最高频率区间的平均值计算出相应的理论通行能力值,理论通行能力如表6-11所示。

理论通行能力 表6-11

车道宽度(m)	3.75	3.5	3.25	3.0	2.8
速度(km/h)	120	100	100	80	80
通行能力[pcu/(h·ln)]	2337	2208	1956	1696	1543
标准化[pcu/(h·ln)]	2300	2200	1950	1650	1500

c. 车头时距累计曲线分析法。

假设车头时距总样本量为 N，按照降序排成序列，其序列号依次为 $n,n-1,n-2,\cdots$，用序列号除以总样本量 N，得到车头时距百分位数 $n/N,(n-1)/N,(n-2)/N,\cdots$，以车头时距为因变量，百分位数为自变量，拟合车头时距累计曲线，则序列号为 n 的车头时距的百分位车头时距就是车头时距累计曲线上自变量 n/N 所对应的车头时距。以车道宽度为 3.25m 的数据样本为例，绘制的车头时距累计曲线如图 6-19 所示。

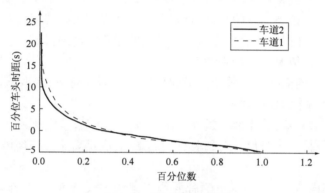

图 6-19 车头时距累计曲线

由百分位车头时距可以得到相应的通行能力，将通行能力按照降序(为使车头时距与通行能力一一对应)排列，拟合曲线，即可得到通行能力累计曲线。以此为基础，定义百分位通行能力(参照百分位车头时距的定义)，即通行能力总样本量为 N，按照降序排成序列，其序列号依次为 $n,n-1,n-2,\cdots$，用序列号除以总样本量 N，得到通行能力百分位数 $n/N,(n-1)/N,(n-2)/N,\cdots$，以通行能力为因变量，百分位数为自变量，拟合通行能力累计曲线，则序列号为 n 的通行能力的百分位通行能力就是通行能力累计曲线上自变量 n/N 所对应的通行能力。

根据最高频率车头时距分布特性和百分位通行能力分布规律，获得不同车道宽度通行能力推荐值，如表 6-12 所示。

百分位通行能力分析结果 表6-12

车道宽度(m)	3.75	3.5	3.25	3.0	2.8
百分位数	0.57	0.69	0.77	0.82	0.85
通行能力[pcu/(h·ln)]	2402	2368	2000	1855	1560
标准化[pcu/(h·ln)]	2400	2350	2000	1850	1550

② 横向驾驶行为研究。

a. 横向驾驶行为特性分析。

小汽车专用高速公路车道宽度和其他交通环境的变化，将直接刺激驾驶员的感知系统，并使驾驶员做出反应。过窄的侧向余宽会让驾驶员产生心理压力,此时驾驶员会适当降低速度或者改变行车横向轨迹(侧向偏移以增大侧向间距)。

在非标准车道(小于3.75m)采集的视频资料能够明显反映出车辆保持横向安全间距的驾驶倾向,通过视频能够直观看出横向偏移的存在,车辆在超车或者并排行驶时明显向外侧偏移,以保证足够的横向安全间距。本节后续部分将从统计学角度对该驾驶行为进行详细讨论,目的是定性探讨车道变窄对驾驶行为的影响,即对通行能力的影响。

b. 车辆行驶轨迹分析法。

本书采用车辆行驶轨迹分析法进行横向驾驶行为的分析,即对各种车道宽度的断面行驶轨迹进行提取,获取车辆行驶轨迹的横向位置并进行相应的统计和分析研究。在获取交通视频资料后,利用专门为记录车辆运动轨迹坐标编写的辅助工具程序记录作为观测目标的车辆某一时刻在观测区域范围内的坐标。首先设定视频或者观测区域的左下角定点为坐标系原点,当目标车辆进入视频或者视频内的观测区域后,每隔一定时间记录车辆在视频内相对于原点的二维坐标,同时记录该坐标点的时刻,直至车辆离开视频或者视频内的观测区域。至此完成一个车辆运动轨迹的捕捉。之后反复对其他车辆的运动轨迹进行捕捉。在进行轨迹数据统计与分析时,有以下几种情况需要特别考虑:

以车辆通过路段某断面时的行驶轨迹横向位置作为研究对象,提取横向位置数据。但处于换道过程中的车辆不作为提取对象。

以小客车作为提取对象,若相邻车道在观测范围内有大型车辆,则该大型车周边的小客车均不作为提取对象,以排除车身尺寸对驾驶行为的影响,满足高速公路环境中交通构成均为小客车的条件。

提取行驶轨迹横向位置时,选择车辆牌照作为车辆中线基准,并且车辆牌照反光效果良好,能够保证识别对比度。

c. 车辆行驶横向位置分布。

为有效进行不同车道宽度下车辆行驶轨迹横向位置分布的研究,在进行轨迹数据提取时,挑选的断面均具有3条车道,每个观测断面的每条车道提取约300个有效样本。

根据观测结果,行驶轨迹横向位置呈正态分布,横向位置分布范围由内侧车道向外侧车道扩大,分布位置由车道中心逐渐向两侧扩展,特别是外侧车道分布范围明显大于其余两条车道。

其余非标准车道横向位置分布特征同标准车道类似,但同时也呈现出明显的差异。首先,3.5m宽车道的横向位置分布同标准车道类似,各车道中心位置分布频率基本一致。其次,3.25m、3.0m和2.8m宽的各车道中心位置分布频率基本一致,最内侧车道中心位置分布频率在0.14左右,明显小于标准车道和3.5m宽车道,中间车道分布频率为0.1~0.12,尤其是3.0m和2.8m宽的中间车道分布频率明显降低,对应的分布范围增大。再次,各组数据外侧车道分布范围均比较大,3.0m和2.8m宽的外侧车道该特征尤为明显。这种差异性可以认为是在车道变窄条件下,外侧车道中行驶的车辆为获取一定的侧向空间而利用路肩改变行驶轨迹造成的。

d. 横向位置分布统计分析。

将横向位置数据进行统计描述,结果如表6-13和图6-20所示。可以看出,各车道横向位置分布均值基本在车道中心线附近,相同宽度不同车道的数据统计标准差(或方差)具有显著差异,而不同宽度相同车道的数据标准差也呈现显著差异,这种差异验证了本节列举的横向位置分布图中横向位置分布的差异性。当数据点分布范围扩大,偏离均值较大时,标准差较大;反之,当数据分布在均值周围时,标准差较小。

行驶轨迹横向位置分布统计　　　　　　　　　　　　　　　　表6-13

车道		平均值	标准误差	中位数	标准差	方差	最小值	最大值	观测数	置信度(95.0%)
3.75m	车道1	1.816	0.013	1.826	0.233	0.054	1.070	2.432	299	0.027
	车道2	5.721	0.016	5.744	0.277	0.277	5.067	6.544	288	0.032
	车道3	9.486	0.024	9.516	0.407	0.407	8.490	10.605	292	0.047
3.5m	车道1	1.776	0.015	1.752	0.251	0.251	1.165	2.496	299	0.029
	车道2	5.272	0.017	5.290	0.292	0.292	4.408	6.082	298	0.033
	车道3	8.758	0.024	8.758	0.404	0.404	7.726	9.867	295	0.046
3.25m	车道1	1.637	0.016	1.641	0.258	0.258	1.014	2.354	268	0.031
	车道2	4.899	0.018	4.909	0.305	0.305	4.072	5.617	296	0.035
	车道3	8.210	0.022	8.194	0.382	0.382	7.329	9.412	293	0.044
3.0m	车道1	1.520	0.017	1.539	0.289	0.289	0.745	2.204	298	0.033
	车道2	4.548	0.028	4.589	0.430	0.430	3.672	5.489	241	0.055
	车道3	7.587	0.033	7.569	0.455	0.455	6.679	8.592	188	0.065
2.8m	车道1	1.523	0.022	1.534	0.289	0.289	0.936	2.255	176	0.043
	车道2	4.249	0.031	4.233	0.390	0.390	3.548	5.011	163	0.060
	车道3	7.067	0.031	7.121	0.440	0.440	6.094	8.007	198	0.062

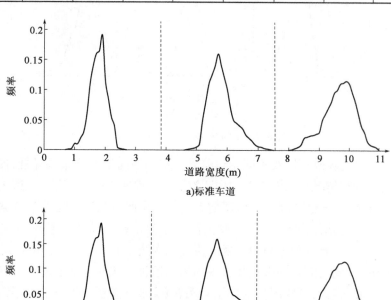

a)标准车道

b)3.5m宽车道

图 6-20

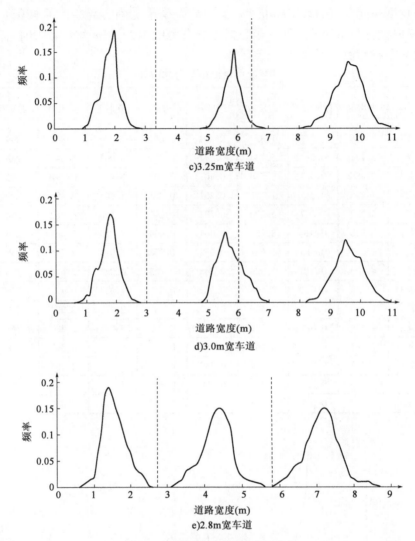

图 6-20　不同宽度车道横向位置分布

为直观描述车道宽度改变以及不同车道位置导致的横向位置分布差异性,图 6-21 绘出了各组数据标准差的分布情况。从图 6-21 中可以看出,标准差由内侧车道(车道 1)向外侧车道(车道 3)增大,并且随着车道宽度减小呈现增大趋势。由此也验证了随着车道宽度的变化,驾驶员基于车道的横向驾驶行为改变了,驾驶员倾向于改变行车轨迹以获取一定的侧向空间。当然,这种行为并不意味着驾驶过程中车辆一直偏离车道中心线,而是在相邻车道有车辆或者需要超越前方车辆时,侧向空间的影响才显现出来。这种影响还同交通流量具有相关性,即交通流量较小时,车间距较大,车辆间相互作用不明显;交通流量处于自由流向拥堵流过渡状态(稳定流)时,车辆速度较高,车间距相对较小,驾驶员受侧向空间的影响增大,车辆超越本车道或相邻车道前车需要足够的侧向间距。不考虑其他影响因素,侧向空间的影响会直接导致最大交通流量降低,即影响通行能力。

采用 Wilcoxon 秩检验对各组数据进行分析,此处仅列举不同宽度条件下对内侧车道数据进行秩检验的结果,如表6-14所示。其中,2.8m和3.0m宽车道的横向位置数据具有一定相似性;3.5m和3.75m宽车道的数据也有一定相似性,但显著水平相对前者较低;其余各车道的数据则具有显著的差异性。这证明了不同车道宽度条件下,各车道的横向位置分布数据具有显著差异性,但是2.8m和3.0m宽车道以及3.5m和3.75m宽车道表现出的差异性则相对降低,表明二者具有一定的相似性,这种相似性是因其车道宽度较为接近,导致驾驶行为受车道宽度变化影响有限,体现在横向驾驶特性上的差异也相对有限。

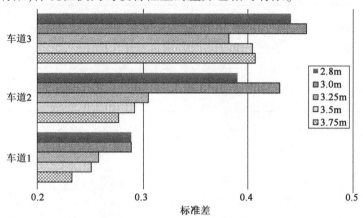

图6-21 横向位置分布的标准差

不同宽度道路内侧车道的横向位置数据 Wilcoxon 秩检验　　　　表6-14

车道宽度(m)	2.8	3.0	3.25	3.5	3.75
Wilcoxon 秩检验	1				
	0.567	1			
	0	0	1		
	0	0	0	1	
	0	0	0	0.072	1

e. 横向驾驶行为研究结论。

通过对车辆行驶轨迹进行提取,获得不同车道宽度下车辆横向位置(相对于车道中心线的行车位置)分布情况,进而对车辆行驶横向位置分布进行统计分析,研究发现高速公路环境下横向驾驶行为具有如下特点:

车道宽度对横向驾驶行为产生一定影响。在车道变窄的条件下,为获取足够的横向行驶空间而改变行驶轨迹,即偏离车道中心线方向,增加横向位移。当交通流处于稳定流状态时,这种情况较为明显。

横向偏移情况随车道宽度的减小而加剧,尤其是车道宽度在3.0m和2.8m时尤为显著。这表明车道宽度在3.0m及以下时,车道宽度对驾驶行为影响非常明显。

由于数据样本量的限制,本书未对行驶速度与侧向空间(横向偏移)的关系给出结论,但通过部分数据的统计,能够定性判断出二者呈反比关系,即行驶速度越高,所需要的侧向空间越大,在高速公路环境中发生横向偏移的可能性就越大。

车道宽度小于3.0m时,会频繁出现横向偏移,导致行车速度下降,并可能存在安全隐患。因此,若车道宽度小于3.0m,要限制自由速度,保证行车安全与舒适性。

6.3.3 驾驶员倾向调查

1) 车辆安全距离调查

从上千名出租车驾驶员中随机调查了 112 名驾驶员。表 6-15 为驾驶员认为的在不同时速下车辆间安全距离的人员分布数。

车辆间安全距离的人员分布数　　　表 6-15

速度（km/h）	车辆间安全距离（m）			
	<0.5	0.5~1.0	1.0~1.5	1.5~2.0
80	7	35	49	21
100	2	15	50	45
120	2	9	32	68

车辆间安全距离调查分析见图 6-22。

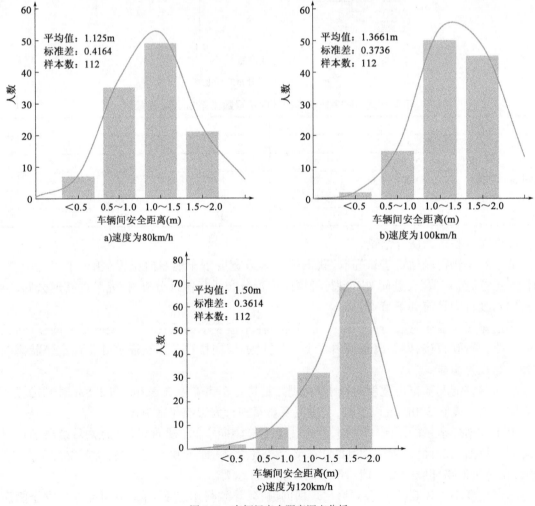

图 6-22 车辆间安全距离调查分析

当速度为 80km/h 时,车辆间安全距离调查样本服从 $N(1.125,0.4164^2)$ 正态分布。计算结论:85% 被调查者可以接受的车辆间安全距离为 1.56m。

当速度为 100km/h 时,车辆间安全距离调查样本服从 $N(1.3661,0.3736^2)$ 正态分布。计算结论:85% 被调查者可以接受的车辆间安全距离为 1.75m。

当速度为 120km/h 时,车辆间安全距离调查样本服从 $N(1.50,0.3614^2)$ 正态分布。计算结论:85% 被调查者可以接受的车辆间安全距离为 1.88m。

本次调查的数据分析结论见表 6-16。

85% 被调查者可以接受的车辆间安全距离分布表　　　　表 6-16

设计速度(km/h)	小汽车宽度(m)	85% 被调查者可以接受的车辆间安全距离(m)	小汽车宽度+安全距离(m)
80	1.8	1.56	3.36
100	1.8	1.75	3.55
120	1.8	1.88	3.68

2) 硬路肩安全宽度调查

从上千名出租车驾驶员中随机调查了 112 名驾驶员。表 6-17 为驾驶员认为的在不同时速下车辆与右侧护栏安全宽度的人员分布数。

车辆与右侧护栏安全宽度的人员分布数　　　　表 6-17

速度(km/h)	车辆与右侧护栏安全宽度(m)			
	<0.75	0.75~1.00	1.00~1.25	1.25~1.50
80	46	39	18	9
100	21	53	25	13
120	10	37	40	24

车辆与右侧护栏安全宽度调查分析见图 6-23。

当速度为 80km/h 时,车辆与右侧护栏安全宽度调查样本服从 $N(0.942,0.2551^2)$ 正态分布。计算结论:85% 被调查者可以接受的车辆与右侧护栏安全宽度为 1.18m。

当速度为 100km/h 时,车辆与右侧护栏安全宽度调查样本服从 $N(1.0536,0.2287^2)$ 正态分布。计算结论:85% 被调查者可以接受的车辆与右侧护栏安全宽度为 1.29m。

当速度为 120km/h 时,车辆与右侧护栏安全宽度调查样本服从 $N(1.1362,0.2236^2)$ 正态分布。计算结论:85% 被调查者可以接受的车辆与右侧护栏安全宽度为 1.37m。

本次调查的数据分析结论见表 6-18。

85% 被调查者可以接受的硬路肩安全宽度统计表　　　　表 6-18

设计速度(km/h)	小汽车宽度(m)	85% 被调查者可以接受的车辆与右侧护栏安全宽度(m)	85% 被调查者可以接受的车辆间安全距离(m)	硬路肩安全宽度(不停车)(m)
80	1.8	1.18	1.56	0.40
100	1.8	1.29	1.75	0.42
120	1.8	1.37	1.88	0.43

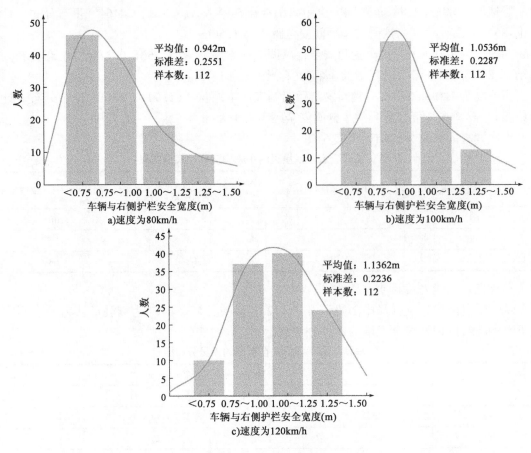

图 6-23　车辆与右侧护栏安全宽度调查分析

3)左侧路缘带安全宽度调查

从上千名出租车驾驶员中随机调查了 112 名驾驶员。表 6-19 为驾驶员认为的在不同时速下车辆与左侧护栏安全宽度的人员分布数。

车辆与左侧护栏安全宽度的人员分布数　　表 6-19

速度(km/h)	车辆与左侧护栏安全宽度(m)			
	<1.00	1.00~1.25	1.25~1.50	1.50~1.75
80	60	36	13	3
100	38	45	21	8
120	23	34	38	17

车辆与左侧护栏安全宽度调查分析见图 6-24。

当速度为 80km/h 时,车辆与左侧护栏安全宽度调查样本服从 $N(1.125,0.2301^2)$ 正态分布。计算结论:85% 被调查者可以接受的车辆与左侧护栏安全宽度为 1.36m。

当速度为 100km/h 时,车辆与左侧护栏安全宽度调查样本服从 $N(1.2254,0.2407^2)$ 正态分布。计算结论:85% 被调查者可以接受的车辆与左侧护栏安全宽度为 1.48m。

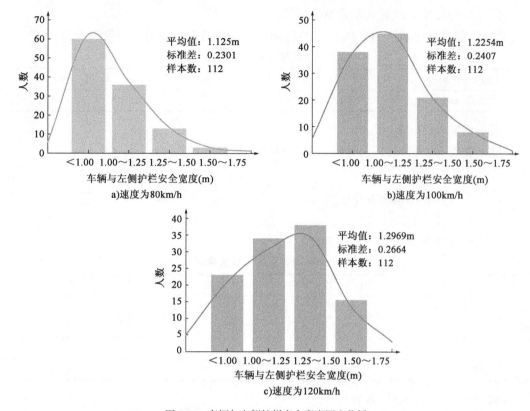

图 6-24 车辆与左侧护栏安全宽度调查分析

当速度为 120km/h 时,车辆与左侧护栏安全宽度调查样本服从 $N(1.2969,0.2664^2)$ 正态分布。计算结论:85%被调查者可以接受的车辆与左侧护栏安全宽度为 1.57m。

本次调查的数据分析结论见表 6-20。

85%被调查者可以接受的左侧路缘带安全宽度统计表　　表 6-20

设计速度(km/h)	小汽车宽度(m)	85%被调查者可以接受的车辆与左侧护栏安全宽度(m)	85%被调查者可以接受的车辆间安全距离(m)	左侧路缘带安全宽度(不停车)(m)
80	1.8	1.36	1.56	0.58
100	1.8	1.48	1.75	0.61
120	1.8	1.57	1.88	0.63

6.3.4 施工期间车道宽度综合论证

行车道是指专供车辆纵向排列,安全、顺畅地通行的公路带状部分。行车道宽度影响着交通安全和行车顺畅。行车道宽度的大小取决于公路行驶车辆的大小、车速的高低以及公路提供的服务水平的高低。

行车道宽度必须满足车辆行驶的需要,对于超车或并行来说,必须具有足够的富余宽度,行车道宽度对交通容量和驾驶员的舒适性有影响。

1)国内现行技术标准对行车道宽度的规定

《公路工程技术标准》(JTG B01—2014)规定的高速公路行车道宽度见表6-21。

高速公路行车道宽度表　　　　　表6-21

设计速度(km/h)	120	100	80
车道宽度(m)	3.75	3.75	3.75

2)行车道宽度理论计算

根据苏联的波良可夫公式,计算正常行驶时车辆间距如下:

$$d = 0.7 + 0.02 v^{\frac{3}{4}} \tag{6-1}$$

式中:d——正常行驶车辆间安全距离,m;

v——车速,km/h。

行车道理论宽度计算结果见表6-22。

行车道理论宽度计算结果表　　　　　表6-22

设计速度(km/h)	小客车宽度(m)	车辆间安全距离(m)	车道理论宽度(m)
80	1.8	1.23	3.03
100	1.8	1.33	3.13
120	1.8	1.43	3.23
140	1.8	1.51	3.31

3)国内行车道宽度状况调查

国内行车道宽度状况调查以北京二环路作为调查对象。北京二环路大部分地段设计速度为60~80km/h,选取4个具有代表性的断面,具体数据见表6-23。

北京二环路行车道宽度　　　　　表6-23

调查地点	设计速度(km/h)	行车道宽度(m)
北京北二环德胜门桥	80	3.25
北京西二环复兴门桥	60	2.75
北京南二环永定门桥	80	3.25
北京东二环朝阳门桥	80	3.25

调查结果显示,设计速度为80km/h、宽度为3.25m的行车道,车辆运行正常,并且通过对多名驾驶员的询问发现,绝大部分驾驶员并未发觉二环路比首都机场高速公路窄。事实上,首都机场高速公路行车道宽度为3.75m,北京二环路大部分路段行车道宽度比首都机场高速公路窄0.5m。

北京西二环复兴门桥段行车道宽度为2.75m,比北京二环路大部分路段窄0.5m,多数驾驶员认为该路段有明显拥挤感。该路段长度约为600m,驾驶员在此路段行驶时间较短,不易感到疲劳,但长时间行驶则存在较大的安全隐患。60~80km/h的设计速度下,2.75m的行车道宽度显然过于狭窄。

根据理论计算结果,综合北京二环路、上海环路等道路状况及国内外相关规范,并结合驾驶员倾向调查结果,拟定高速公路行车道宽度见表6-24。

小汽车专用道条件下的高速公路行车道宽度　　　　　　表 6-24

设计速度 （km/h）	公路规范 规定的行车道 宽度(m)	城市道路规范 规定的行车道 宽度(m)	理论计算 所得行车道 宽度(m)	日本 《道路构造令》 规定的行车道 宽度(m)	85%被调查者 可接受的 行车道宽度 （m）	推荐行车道宽度(m)	
						最小值	一般值
80	3.75	3.50	3.03	3.25	3.36	3.00	3.25
100	3.75	3.50	3.13	—	3.55	3.25	3.50
120	3.75	3.50	3.23	—	3.68	3.50	3.50

第7章 改扩建作业区中央分隔带开口设置研究

7.1 基于交通仿真的微观分析

7.1.1 实验设计

针对交通量、交通组成和中央分隔带开口长度影响因素进行实验设计。

交通组成因素中,根据国内多条高速公路车型组成数据资料可知,大型客车平均占车辆数的3%,中型车平均占车辆数的5%。另外,该两类车型占比较稳定,且一般施工区交通组织保通方案并不会分流大型客车和中型车。故本书各方案下大型客车和中型车分别保持占车辆数比3%和5%不变,变化目标为大型货车和小型车。具体各因素设计见表7-1。

各影响因素变化范围设计表　　表7-1

影响因素	最小值	最大值	步长	因素水平个数
交通量	300pcu/h	1500pcu/h	200pcu/h	7
大型货车率*	0%	90%	10%	10
中央分隔带开口长度	50m	350m	50m	7

注:* 大型货车率是指大型货车所占PCU之比。

在 Vissim 中对这些实验进行模拟,在不同水平的组合下做全面实验,同时为了避免误差,各方案的 Vissim 交通仿真采用不同的随机种子运行3次,并取3次分析得出的平均值作为最终结果。共 $7 \times 10 \times 7 \times 3 = 1470$(次)。

将 Vissim 输出的".trj"文件导入 SSAM 软件后,设置 SSAM 相关参数。本书应用 SSAM 进行交通冲突统计分析时,TTC(Time to Collision)采用 SSAM 推荐值1.5s,PET(Post Encroachment Time)采用 SSAM 推荐值5.0s,追尾冲突角度阈值和正向冲突角度阈值分别设定为30°和90°。

7.1.2 仿真结果与分析

1) 交通效率评价

单因变量(延误)三因素方差分析结果见表7-2。

单因变量(延误)三因素方差分析结果　　表7-2

差异源	平方和	自由度	均方和	检验值 F	P
交通量	7505	6	2502	205545	0.000
大型货车率	1449	9	161	13223	0.000
中央分隔带开口长度	500	6	83	6843	0.000
三因素交互	901	468	3.5	284	0.000
总计	29226	1470	—	—	—

由表 7-2 可以看出,交通量、大型货车率与中央分隔带开口长度因素均对延误有显著影响。各交通量下延误与大型货车率和中央分隔带开口长度关系拟合 3D 曲面图见图 7-1。

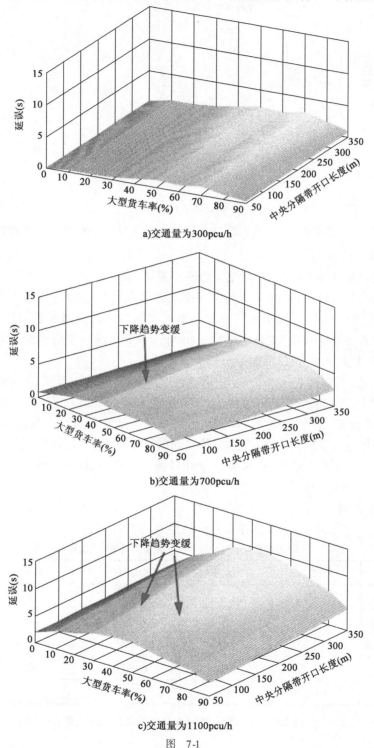

图 7-1

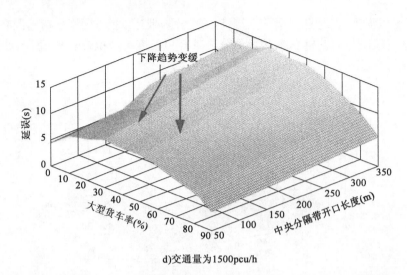

d)交通量为1500pcu/h

图 7-1　各交通量下延误与大型货车率和中央分隔带开口长度关系拟合 3D 曲面图

由图 7-1 可以看出：

(1) 随着交通量的不断增加，延误整体也在不断增加。

(2) 在各交通量条件下，延误与大型货车率关系图呈类似于抛物线状。这可能是因为大型货车车速比其他车型要小，而交通流中低车速大型货车的出现将导致后续其他车辆(尤其是小型汽车)经常性被迫减速，故延误增加。但当大型货车进一步增多时，即同种车型增加，需要减速的情况大大减少，延误反而逐渐减少。

(3) 整体来看，延误随着中央分隔带开口长度减小呈现逐步下降的趋势。造成这种现象的原因，可能是交通转换带中央分隔带开口处限速较其他路段更低。同时，交通转换带车道数较其他路段少(如本实验中具体转换带只有单车道)，故开口长度越大，造成的延误越长，这符合梁国华等人发现的规律：其他条件相同的情况下，随车道数的增加，平均延误减少。另外，在一些大型货车率条件下，中央分隔带开口长度下降至 100～150m 后，延误下降趋势变缓，如图 7-1b)、c)、d)所示。

2) 交通安全评价

单因变量(交通冲突率)三因素方差分析结果见表 7-3。

单因变量(交通冲突率)三因素方差分析结果　　　表 7-3

差异源	平方和	自由度	均方和	检验值 F	P
交通量	0.638	6	0.106	41397.135	0.000
大型货车率	0.144	9	0.016	6251.365	0.000
中央分隔带开口长度	0.001	6	0.000	78.103	0.000
三因素交互	0.329	468	0.001	274.202	0.000
总计	1.841	1470	—	—	—

由表 7-3 可以看出，交通量、大型货车率与中央分隔带开口长度因素均对交通冲突率有显著影响。

各交通量下交通冲突率与大型货车率和中央分隔带开口长度关系拟合 3D 曲面图见图 7-2。

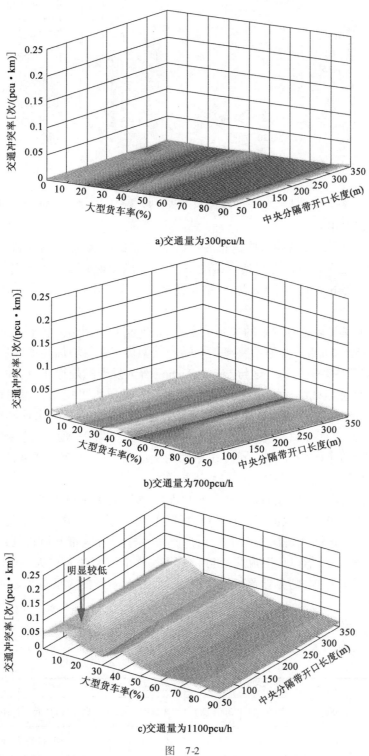

a) 交通量为300pcu/h

b) 交通量为700pcu/h

c) 交通量为1100pcu/h

图 7-2

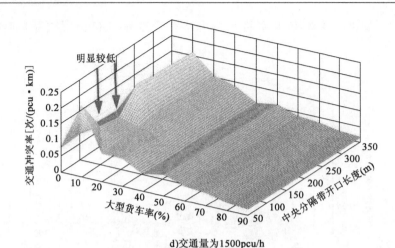

d) 交通量为1500pcu/h

图7-2 各交通量下交通冲突率与大型货车率和中央分隔带开口长度关系拟合3D曲面图

由图7-2可以看出：

(1) 交通量与交通冲突率明显成正相关关系。这与 Jiang Xing 和 Hideki Takahashi 等对日本东名高速公路施工区进行研究得到的结论一致：70%的交通事故发生在交通拥堵时，发生在拥挤施工区的伤亡事故率高达90%以上，是非拥挤施工区的8～9倍。故交通量越大，施工区越不安全。

(2) 大型货车率与交通冲突率的关系在较低交通量下不明显。但在较高交通量条件下（如1100pcu/h、1500pcu/h），交通冲突率基本随着大型货车率的增加先增加后减小，在大型货车率为10%处交通冲突率较高。这与 Liang Guohua 等人发现的规律相近：冲突数量随着大型货车率的增加先增加后减小，呈单峰状。产生这种现象的原因可能是，大型货车性能不足，导致车速比其他车型尤其是小型车要小很多，因而交通流中大型货车的出现不可避免地造成车流整体车速差变大，进而导致冲突增多，但当大型货车进一步增多时，车速差反而随着同种车型（大型货车）的增加而慢慢降低。同时在相同的交通量下，车辆数也在减少，发生冲突的可能性也在降低，故交通冲突率在达到峰值后逐渐降低。

(3) 在较低交通量下，中央分隔带开口长度与交通冲突率关系不明显，但在交通量较高，同时大型货车率为一些特定数值（如10%）的情况下，中央分隔带开口长度为100～150m时交通冲突率明显较低，安全性较高，如图7-2c)、d)所示。中央分隔带开口长度过短（50m），可能导致车辆以较低速度经过开口，造成此处与交通转换带上游车速差过大，从而增加交通冲突；中央分隔带开口长度过大，则会导致车速较快的小型车与较慢的大型货车之间的冲突增多，安全性反而下降。

3) 交通流稳定性评价

选取典型交通量和大型货车率组合进行分析，具体见表7-4。

典型交通量和大型货车率组合 表7-4

影响因素	组合1	组合2	组合3	组合4	组合5	组合6	组合7	组合8	组合9
交通量(pcu/h)	300(低)	900(中)	1500(高)	300(低)	900(中)	1500(高)	300(低)	900(中)	1500(高)
大型货车率(%)	10(低)	10(低)	10(低)	40(中)	40(中)	40(中)	80(高)	80(高)	80(高)

不同中央分隔带开口长度条件下,低交通量+低大型货车率、低交通量+高大型货车率、中交通量+中大型货车率和高交通量+高大型货车率组合经过各观测点平均车速变化如图7-3所示。

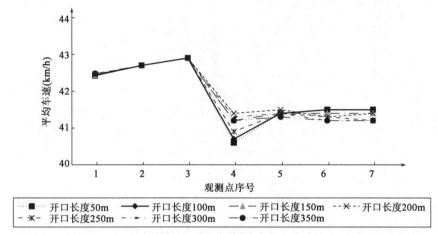

a) 交通量300pcu/h+大型货车率10%(组合1)

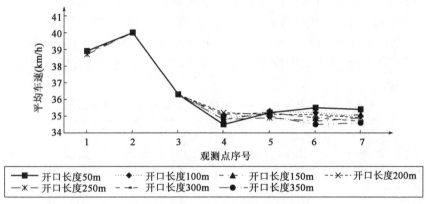

b) 交通量300pcu/h+大型货车率80%(组合7)

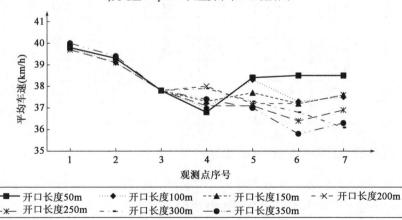

c) 交通量900pcu/h+大型货车率40%(组合5)

图 7-3

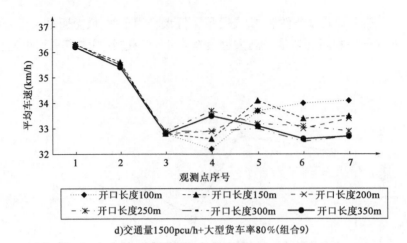

d) 交通量1500pcu/h+大型货车率80%(组合9)

图7-3 不同中央分隔带开口长度条件下各观测点平均车速变化示意

从图7-3可以看出,在低流量下,随着中央分隔带开口长度变化,各观测点的速度变化并不明显,但随着交通量增加,各中央分隔带开口长度条件下速度变化有比较大的区别。进一步将各组合在不同中央分隔带开口长度下各观测点速度取标准差分析(表7-5),在低大型货车率条件下(组合1~3),200m开口长度稳定性最好;在中大型货车率(组合4~6)、高大型货车率(组合7~9)条件下,100~150m开口长度稳定性较好。这与之前的猜想相符合,当大型货车较少,即小型车较多时,中央分隔带开口长度可适当加大;反之,当大型车较多时,中央分隔带开口长度需要减小。

各交通量和大型货车率组合下不同中央分隔带开口长度速度标准差　　　表7-5

中央分隔带开口长度(m)	组合1	组合2	组合3	组合4	组合5	组合6	组合7	组合8	组合9
50	0.83	0.77	1.04	1.05	1.11	1.51	2.06	1.13	1.36
100	0.81	0.73	1.11	1.05	1.04	1.34	2.02	1.09	1.31
150	0.78	0.77	1.11	1.04	1.02	1.46	2.11	1.17	1.34
200	0.72	0.66	0.91	1.08	1.28	1.54	2.10	1.21	1.37
250	0.83	0.76	0.94	1.14	1.23	1.40	2.14	1.34	1.46
300	0.83	0.74	0.93	1.11	1.34	1.51	2.14	1.36	1.36
350	0.86	0.82	1.02	1.15	1.54	1.61	2.23	1.47	1.47

7.1.3 基于交通仿真的微观分析小结

(1)交通量、大型货车率与中央分隔带开口长度均对延误有显著影响。延误与交通量成正相关关系;延误与大型货车率形成类似于抛物线状的关系;各条件下,中央分隔带开口长度越大,延误一般也越长。另外,在存在大型货车影响条件下,低大型货车率时,200m开口长度稳定性最好;中、高大型货车率时,100~150m开口长度稳定性较好。

综合考虑各大型货车率条件,中央分隔带开口长度设置在100~200m区间稳定性较好。

(2)交通量、大型货车率与中央分隔带开口长度均对交通冲突率有显著影响。交通量越大,交通冲突率越高。同时也可以看出,大型货车率与交通冲突率的关系在较低交通量下不明显,但在较高交通量下,交通冲突率基本随着大型货车率的增加先增加后减小。在较低交通量下,中央分隔带开口长度与交通冲突率关系不明显,但在交通量较高,同时大型货车率为一些特定数值的情况下,中央分隔带开口长度为100~150m时交通冲突率明显较低。

综上所述,从交通效率、交通安全和交通流稳定性三方面综合来看,施工区双向两车道保通方案交通转换带中央分隔带开口长度在100~200m较优。

7.2 基于TruckSim的交通转换段半挂车侧向稳定性仿真

高速公路改扩建工程中四车道改八车道时主要存在两车道、三车道、四车道保通三种情形,与之对应存在双幅双向—单幅双向通行、左幅单幅双向—右幅单幅双向通行等转换情形,依据《公路工程技术标准》(JTG B01—2014),相同设计速度下,各不同情形交通转换段线形设计差异较小。

在此重点以四车道保通交通转换段为研究对象,针对双幅双向—单幅双向通行、左幅单幅双向—右幅单幅双向通行两种交通转换情形,依据《公路工程技术标准》(JTG B01—2014),分别在设计速度为40km/h、60km/h时,对交通转换段线形设计对车辆侧向稳定性的影响进行分析。

7.2.1 实验方案

为了研究半挂车在交通转换段的侧向稳定性,以下将基于TruckSim对半挂汽车列车在不同车速、不同线形交通转换段的运行进行仿真。首先,按设计速度、交通转换段类型,确定线形;其次,在相同设计速度条件下,研究不设置缓和曲线与设置缓和曲线对车辆运行的影响。由此,针对以上情况设计交通转换段线形参数,如表7-6和表7-7所示。

双幅双向—单幅双向通行交通转换段线形设计　　　　表7-6

设计速度 V(km/h)	圆曲线半径 R(m)	缓和曲线长度 L_s(m)	中央带硬化长度 L(m)
40	600	—	125
	400	35	111
60	1500	—	196
	700	50	149

左幅单幅双向—右幅单幅双向通行交通转换段线形设计　　　　表7-7

设计速度 V(km/h)	圆曲线半径 R(m)	缓和曲线长度 L_s(m)	中央带硬化长度 L(m)
40	600	—	188
	200	35	121
60	1500	—	297
	400	50	161

车辆进入交通转换段后,突然变化的路拱横坡会造成车辆的侧向加速度变化,质心相对较高的半挂汽车列车在高附着路面转弯行驶,当地面能够提供足够的附着力,车辆进入交通转换段后,部分纵向加速度将转为侧向加速度,从而导致车辆的荷载横向转移量发生变化,因而产生侧翻危险,而交通转换段车辆超速现象普遍,大型载重挂车在交通转换段超速行驶也增加了侧翻事故的发生概率。因此,本书针对某一设计速度下的交通转换段线形,进行车辆超速情况下侧向稳定性仿真,其中,车辆仿真运行速度与设计速度的关系见表7-8。

仿真运行速度与设计速度的关系　　　　　　　　　表7-8

设计速度(km/h)	仿真运行速度(km/h)				
40	40	45	50	55	60
60	60	67	75	82	90

7.2.2 仿真过程

1) 整车动力学模型

TruckSim软件属于参数化建模软件,不需要对实体进行建模,而需要大量的车辆特性参数,特性参数的准确性决定仿真结果的准确性。由于本书研究的重点是半挂汽车列车在交通转换段运行的侧向稳定性,所以要保证影响车辆横摆和侧向稳定性主要参数的准确性。如图7-4所示,所建整车动力学模型包括总体布置、行驶系统、转向系统、制动系统、传动系统和空气动力学系统六大系统的特性。

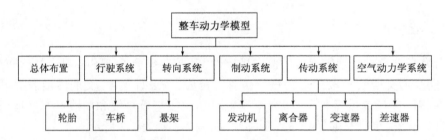

图7-4 TruckSim整车建模过程

(1) 车体结构与质量参数。

参考德龙X3000(SX42564V324)6×4牵引车实车参数,其牵引车车体和集装箱式半挂车车体的参数见表7-9和表7-10。

牵引车车体主要参数　　　　　　　　　表7-9

名 称	符 号	数 值	单 位
簧载质量	m_{s1}	8800	kg
车体高度	H	3650	mm
车体宽度	W	2490	mm
轴距	L	3375 + 1400	mm
轮距	B	2036,1860	mm
鞍座前置距离	d	300	mm

续上表

名　称	符　号	数　值	单　位
鞍座离地高度	h_a	1300	mm
车体质心到前轴距离	m	1800	mm
车体质心高度	h_s	1175	mm
车体侧倾惯量	I_{xx}	4511.4	kg·m²
车体俯仰惯量	I_{yy}	69931.5	kg·m²
车体横摆惯量	I_{zz}	68745.8	kg·m²

集装箱式半挂车车体主要参数 表7-10

名　称	符　号	数　值	单　位
簧载总质量	m_{s2}	80000	kg
车体质心高度	h_{s2}	2336	mm
鞍座到重心距离	a_2	3400	mm
轮距	B	1860	mm
车体侧倾惯量	I_{xx2}	9968.7	kg·m²
车体俯仰惯量	I_{yy2}	171229.5	kg·m²
车体横摆惯量	I_{zz2}	180000.0	kg·m²

(2)转向系统。

根据 X3000 车型,选用的名义转向传动比为 1∶25。

(3)轮胎系统。

按照德龙 X3000(SX42564V324)6×4 牵引车车型配置要求,选用 12.00R22.5 16PR 规格轮胎,仿真输入的轮胎滚动半径参数为 568mm,静载半径为 600mm,轮胎宽度为 380mm,摩擦系数设置为 0.8,最大加载荷载为 100000N。在 TruckSim 中设置参数结束后,可以输出轮胎在不同荷载下纵向力关于滑移率的函数以及侧向力关于侧偏角的函数。

牵引车驱动轴采用双轴组,半挂车为三轴组,两侧均为双胎,输入单胎特性参数,TruckSim 会根据设置转化为当量双胎受力模式,其中双胎中心线间距为 310mm。

(4)悬架系统。

根据所选车型的钢板弹簧片数,转向轴采用 5.5T 悬架的 K&C 特性,驱动轴二、三轴采用 15.5T 悬架的 K&C 特性,半挂车四、五、六轴采用 18T 悬架的 K&C 特性。钢板弹簧特性采用软件提供的默认值,主要包括钢板弹簧和阻尼器本身的特性曲线,以及悬架系统 K&C 特性对转向系统、轮胎系统、操纵稳定性等整车动力学的影响因素。

(5)制动系统。

制动系统方面,德龙 X3000(SX42564V324)装配六通道 ABS 防抱死系统,并联液力缓速器。前轮最大制动强度为 7.5kN·m,驱动轴以及挂车最大制动强度为 10kN·m。采用非线性模型模拟重型货车气动式制动机械系统的动力学特性,可以精确地描述重型货车在制动时的轮毂力学特性,包括制动踏板系统动力学特性模型、6s/6m(6 个传感器和 6 个压力调节器)ABS 控制器模型、气压制动系统模型。ABS 系统失效时的滑移率为 20%,开启时的滑移率为

10%,失效车速为10km/h。

(6)传动系统。

实车搭载WP13550E40潍柴发动机,最大输出功率为405kW,最大扭矩为2300N·m,最大转速为2200r/min。离合器及差速器等特性参数采用TruckSim默认值。

TruckSim中构建的半挂车整车模型如图7-5所示。

图7-5 半挂车整车模型

2)交通转换段路面建模

交通转换段路面建模按双幅双向—单幅双向通行、左幅单幅双向—右幅单幅双向通行两种情形,分别以设计速度40km/h、60km/h进行线形设计,并于TruckSim中进行路面建模。

(1)在双幅双向—单幅双向交通转换段,设计速度为40km/h、60km/h的线形方案分别见图7-6、图7-7。

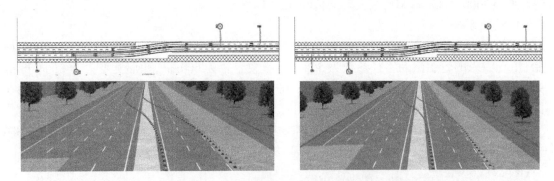

图7-6 双幅双向—单幅双向交通转换段设计速度为40km/h的线形方案

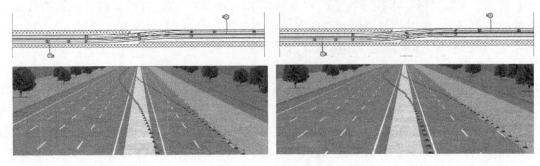

图7-7 双幅双向—单幅双向交通转换段设计速度为60km/h的线形方案

(2)在左幅单幅双向—右幅单幅双向交通转换段,设计速度为40km/h、60km/h 的线形方案分别如图 7-8、图 7-9 所示。

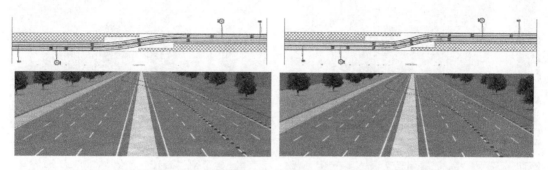

图 7-8　左幅单幅双向—右幅单幅双向交通转换段设计速度为40km/h 的线形方案

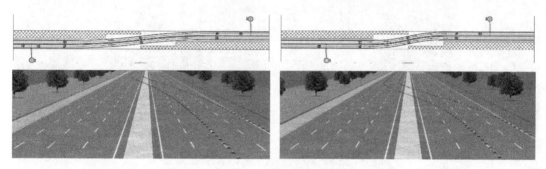

图 7-9　左幅单幅双向—右幅单幅双向交通转换段设计速度为60km/h 的线形方案

其中,路拱横坡按单幅单向 2.0% 设置,中央分隔带填平处理,如图 7-10 所示。

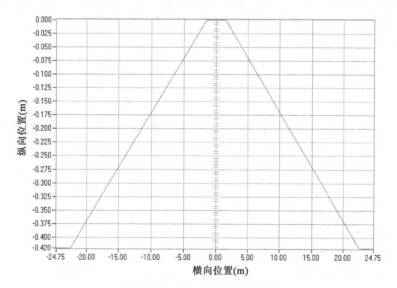

图 7-10　交通转换段路拱横坡设置

仿真半挂汽车以给定初始速度通过交通转换段,转向盘控制为驾驶员闭环控制,始终使车辆沿右侧车道中心线行驶,该仿真工况下半挂汽车列车运行过程示意图如图 7-11 所示。

图 7-11 交通转换段半挂汽车列车运行过程示意图

7.2.3 仿真结果与分析

为评价半挂汽车列车在交通转换段的侧向稳定性,主要采集半挂车与牵引车的侧向加速度、侧倾角及各轴组荷载横向转移情况并进行分析。

车辆在交通转换段弯道转向行驶时,在转向离心力作用下,高质心的车身会向外侧倾,此时悬架提供反侧倾力矩来维持车身的曲线运动。当车速达到一定程度时,悬架提供的力矩不能维持车身做固定的曲线运动,车身将侧倾过度,导致整车以外侧车轮与路面的接触点为支点侧翻。

满载(超载)半挂汽车列车在高附着弯道路面上行驶时,发生侧倾失稳时的侧向加速度较小,因此,为了更好地实时描述半挂汽车列车的侧倾危险程度,这里选用车轴的横向荷载转移率(Lateral-load Transfer Rate,LTR)作为半挂汽车列车的侧翻指标,来评价车辆的侧翻危险程度。

$$\text{LTR} = \frac{F_R - F_L}{F_R + F_L} \tag{7-1}$$

式中:F_R——右侧车轮垂直荷载(N);
F_L——左侧车轮垂直荷载(N)。

由式(7-1)可知,LTR 的变化范围为[−1,1],若 LTR = 0,说明两侧车轮垂直荷载大小相等,车辆未发生侧倾;若|LTR| = 1,说明该轴已经有一侧车轮离开地面,表明车辆即将发生侧翻事故,在此假设当转向轴、驱动轴组和挂车轴组三者之一的|LTR|达到 1 时,半挂汽车列车面临侧翻危险。因此,|LTR|越接近 1,表明半挂汽车列车发生侧翻的危险性越大。

1) 双幅双向—单幅双向侧向稳定性仿真

（1）设计速度为 40km/h 的交通转换段。

①交通转换段不设置缓和曲线时，半挂车侧向稳定性如图 7-12 所示，运行速度、侧向加速度极值和侧倾角极值见表 7-11。

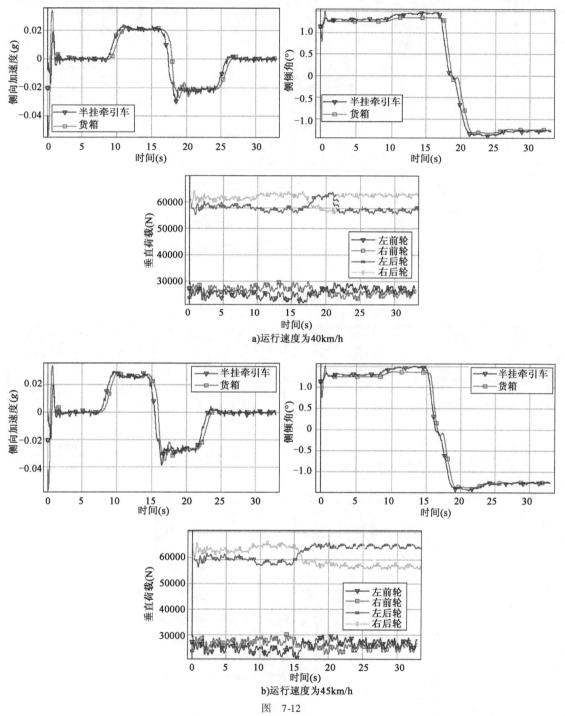

图 7-12

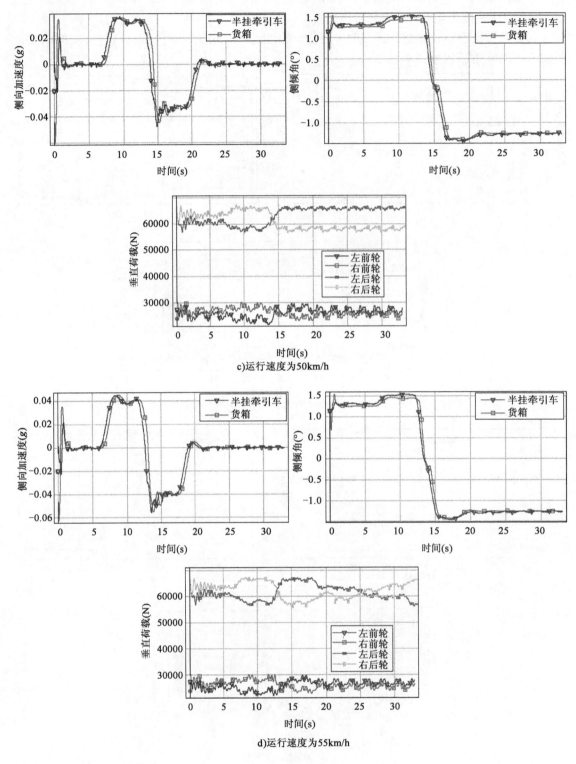

图 7-12

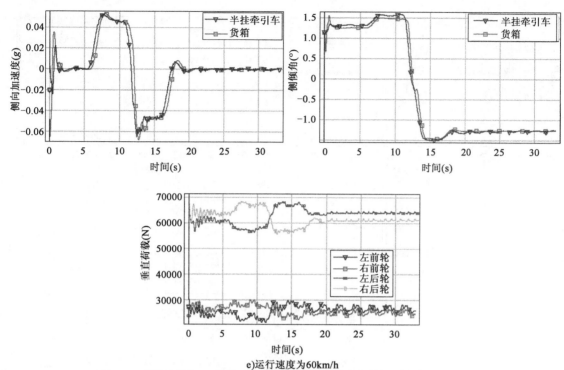

e)运行速度为60km/h

图7-12 设计速度为40km/h,不设置缓和曲线的交通转换段半挂车侧向稳定性一

②交通转换段设置缓和曲线时,半挂车侧向稳定性如图7-13所示,运行速度、侧向加速度极值和侧倾角极值见表7-11。

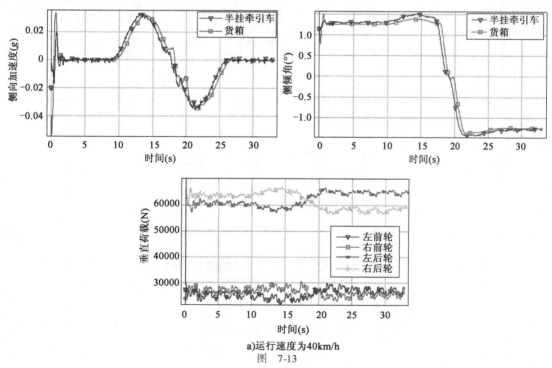

a)运行速度为40km/h

图 7-13

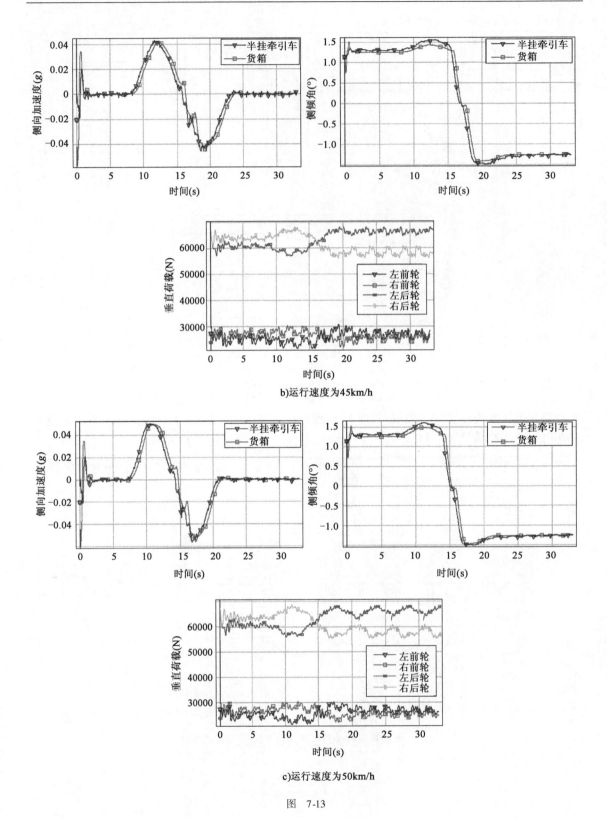

图 7-13

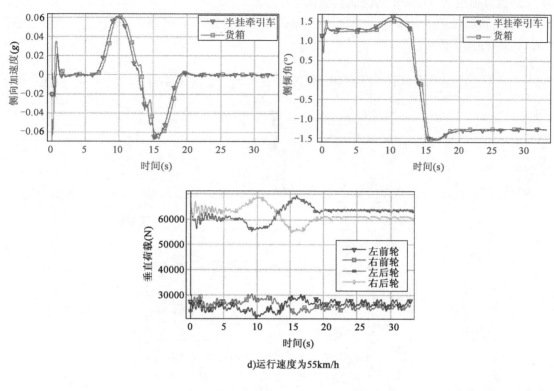

d)运行速度为55km/h

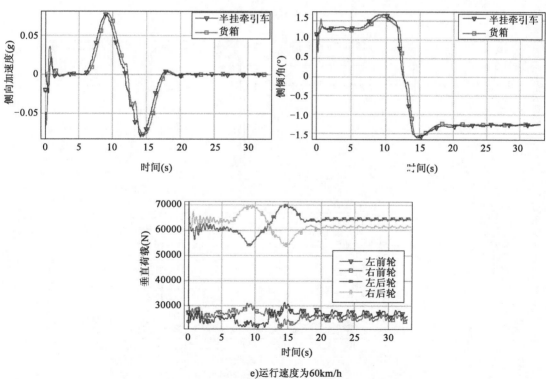

e)运行速度为60km/h

图7-13 设计速度为40km/h,设置缓和曲线的交通转换段半挂车侧向稳定性一

（2）设计速度为60km/h的交通转换段。

①交通转换段不设置缓和曲线时,半挂车侧向稳定性如图7-14所示,运行速度、侧向加速度极值和侧倾角极值见表7-12。

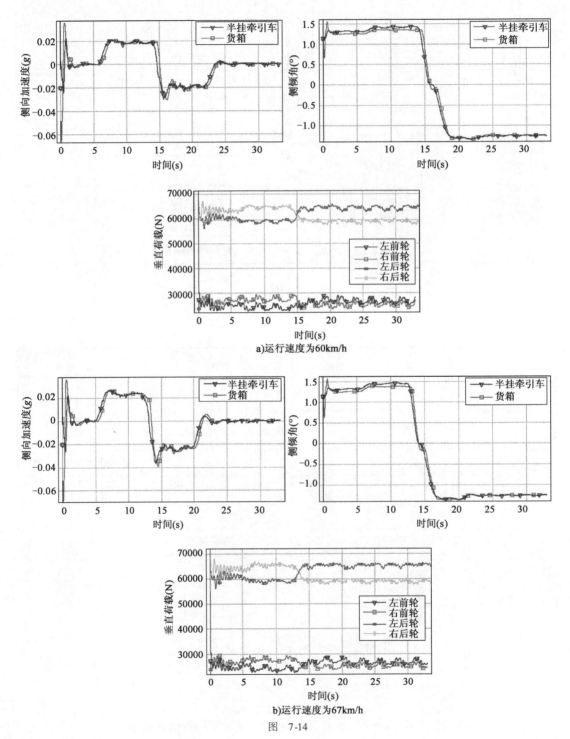

图 7-14

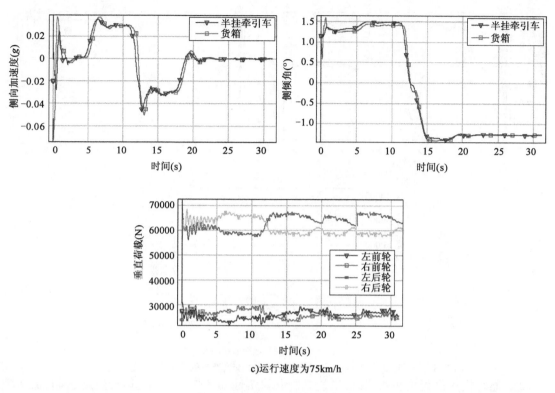

c) 运行速度为75km/h

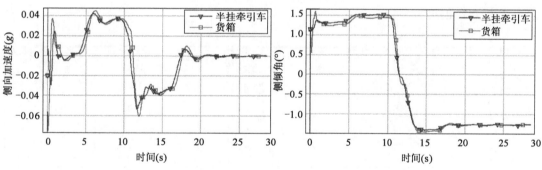

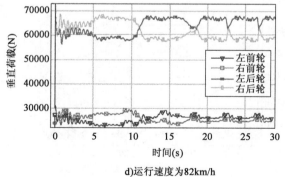

d) 运行速度为82km/h

图 7-14

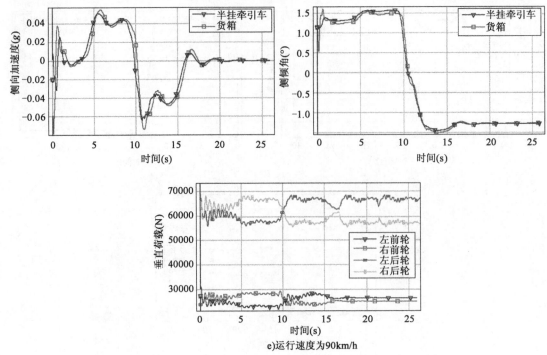

图7-14 设计速度为60km/h,不设置缓和曲线的交通转换段半挂车侧向稳定性一

②交通转换段设置缓和曲线时,半挂车侧向稳定性如图7-15所示,运行速度、侧向加速度极值和侧倾角极值见表7-12。

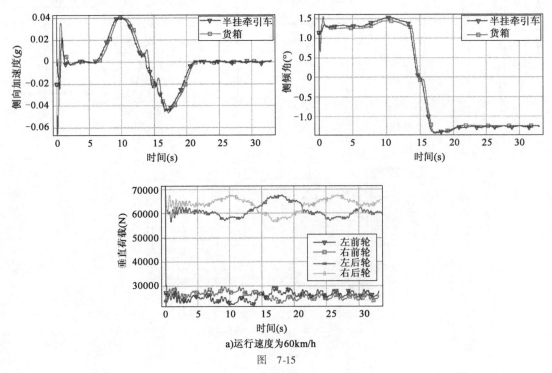

图 7-15

第 7 章 改扩建作业区中央分隔带开口设置研究

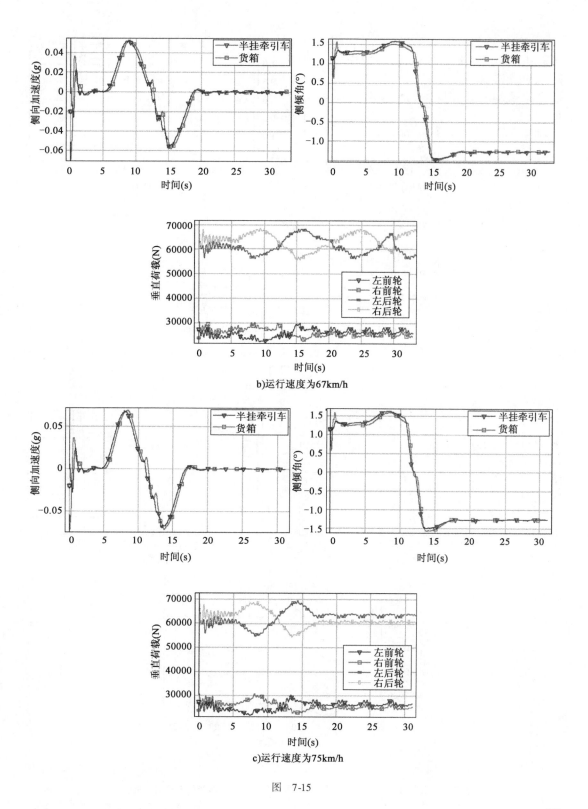

b) 运行速度为67km/h

c) 运行速度为75km/h

图 7-15

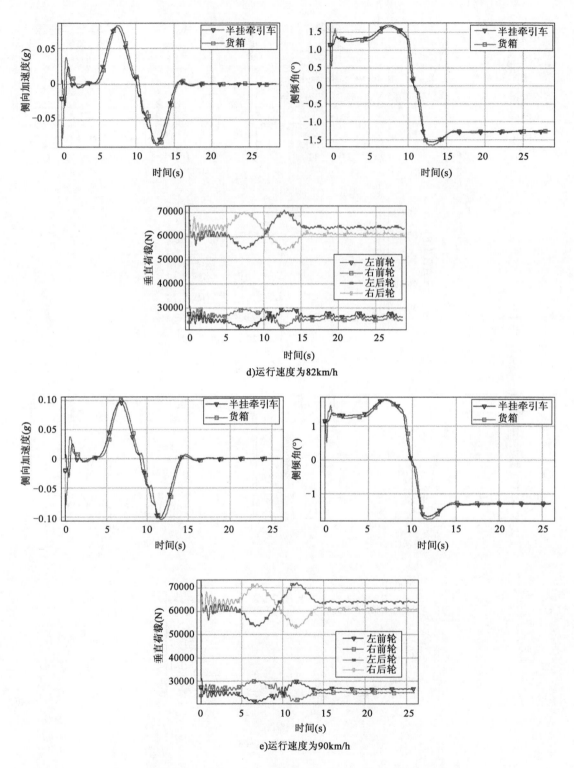

图7-15 设计速度为60km/h,设置缓和曲线的交通转换段半挂车侧向稳定性一

2)左幅单幅双向—右幅单幅双向侧向稳定性仿真

(1)设计速度为40km/h的交通转换段。

①交通转换段不设置缓和曲线时,半挂车侧向稳定性如图7-16所示,运行速度、侧向加速度极值和侧倾角极值见表7-11。

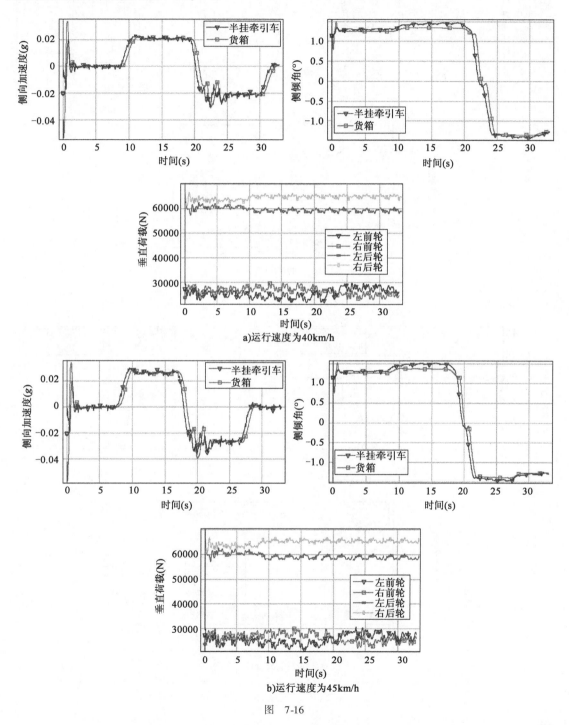

图 7-16

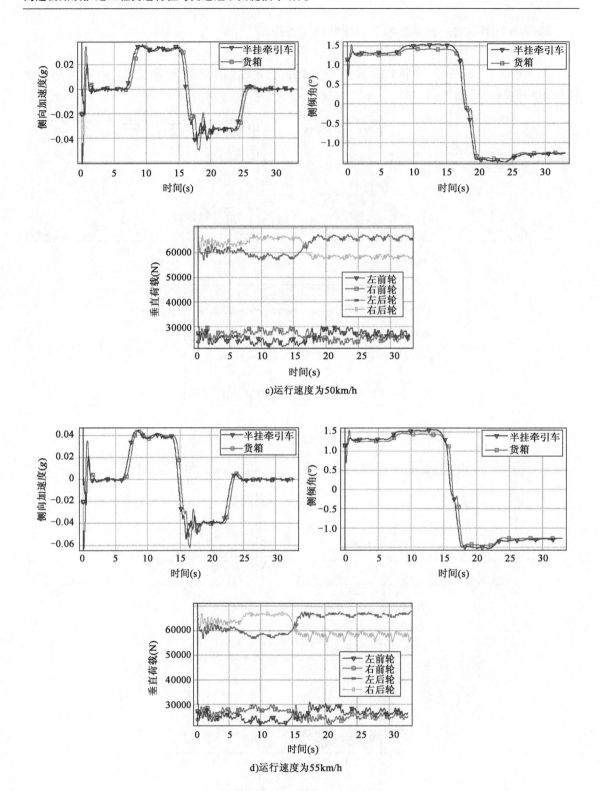

图 7-16

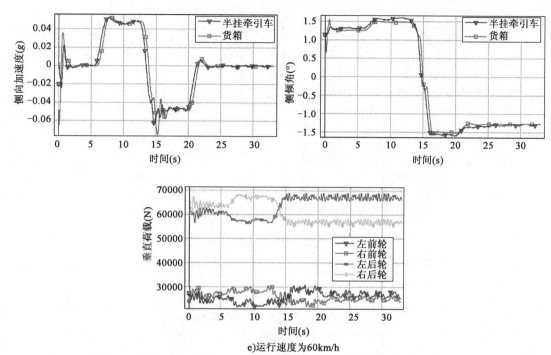

e)运行速度为60km/h

图7-16 设计速度为40km/h,不设置缓和曲线的交通转换段半挂车侧向稳定性二

②交通转换段设置缓和曲线时,半挂车侧向稳定性如图7-17所示,运行速度、侧向加速度极值和侧倾角极值见表7-11。

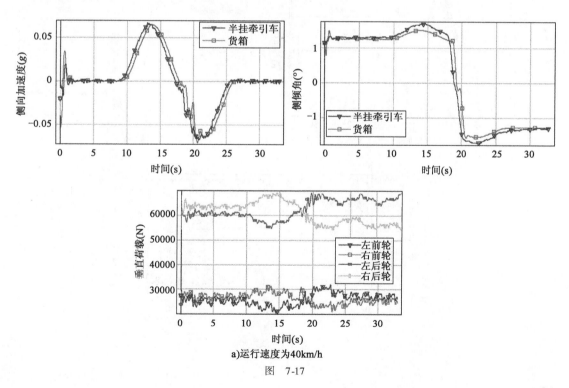

a)运行速度为40km/h

图 7-17

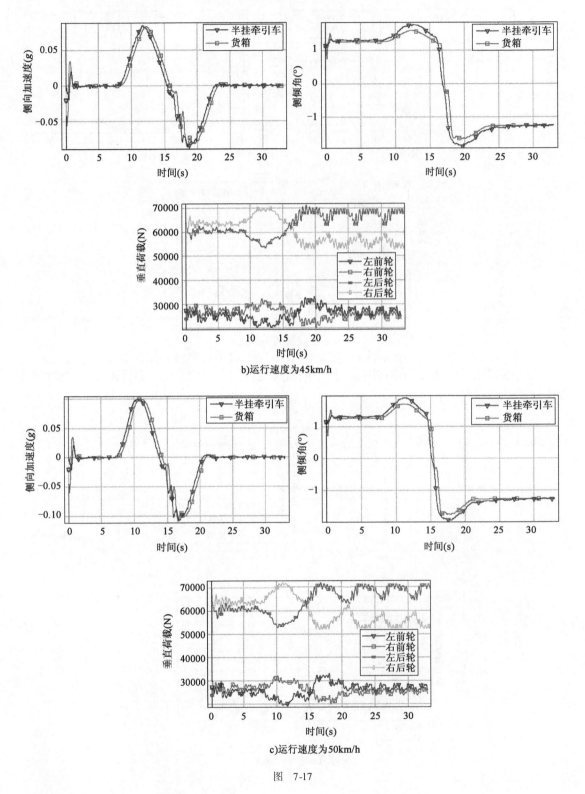

b)运行速度为45km/h

c)运行速度为50km/h

图 7-17

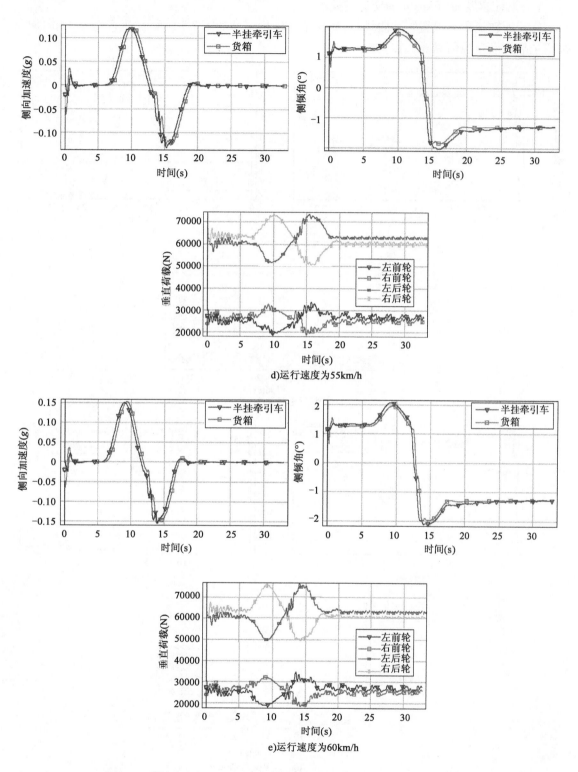

图 7-17 设计速度为 40km/h,设置缓和曲线的交通转换段半挂车侧向稳定性二

（2）设计速度为60km/h的交通转换段。

①交通转换段不设置缓和曲线时，半挂车侧向稳定性如图7-18所示，运行速度、侧向加速度极值和侧倾角极值见表7-12。

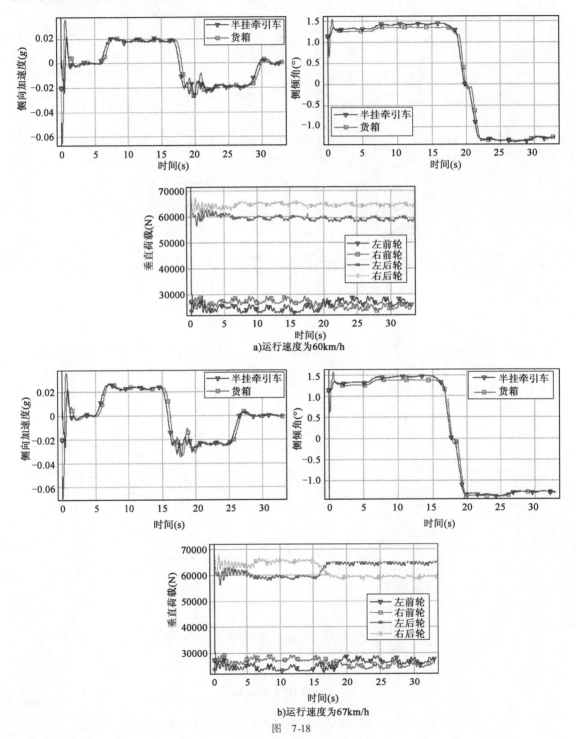

图 7-18

第7章 改扩建作业区中央分隔带开口设置研究

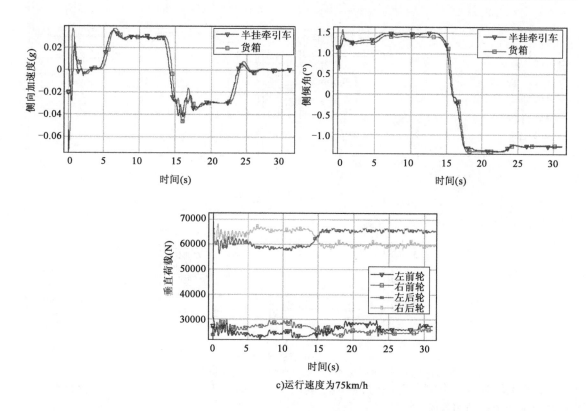

c)运行速度为75km/h

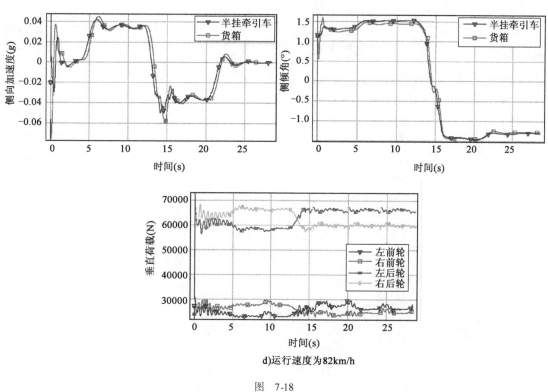

d)运行速度为82km/h

图 7-18

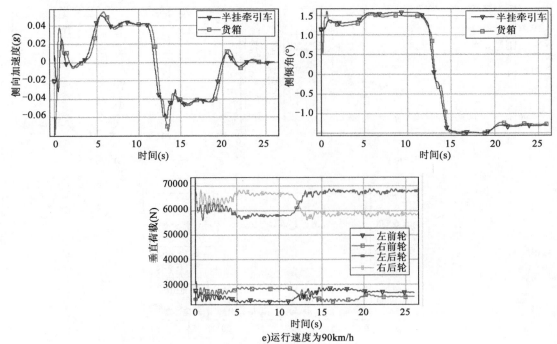

e) 运行速度为90km/h

图 7-18　设计速度为60km/h,不设置缓和曲线的交通转换段半挂车侧向稳定性二

②交通转换段设置缓和曲线时,半挂车侧向稳定性如图 7-19 所示,运行速度、侧向加速度极值和侧倾角极值见表 7-12。

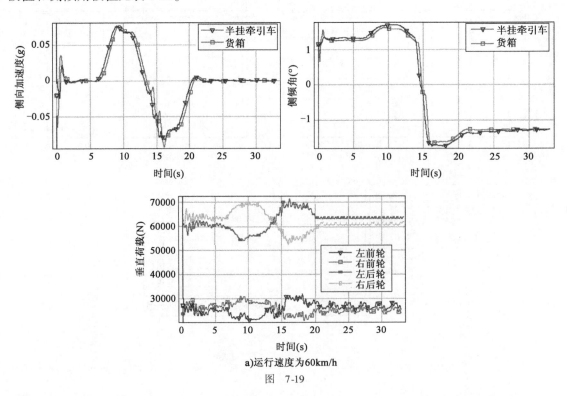

a) 运行速度为60km/h

图　7-19

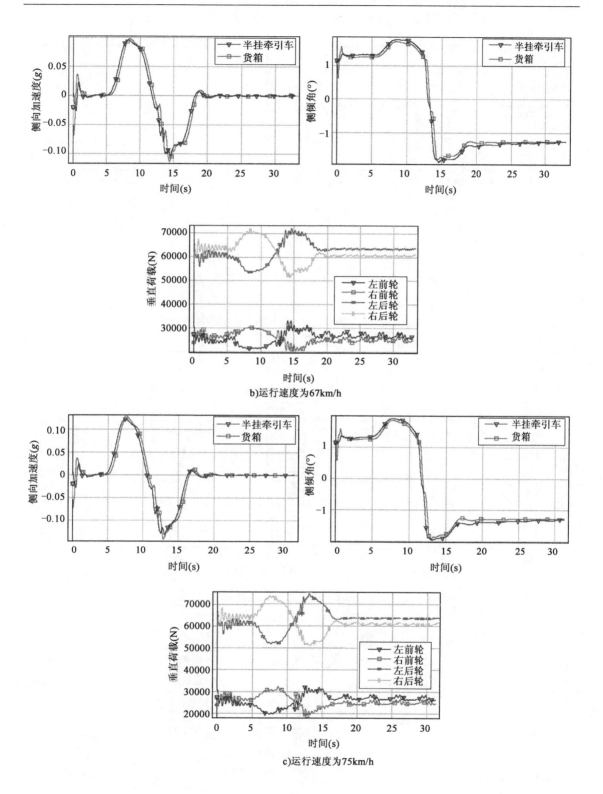

图 7-19

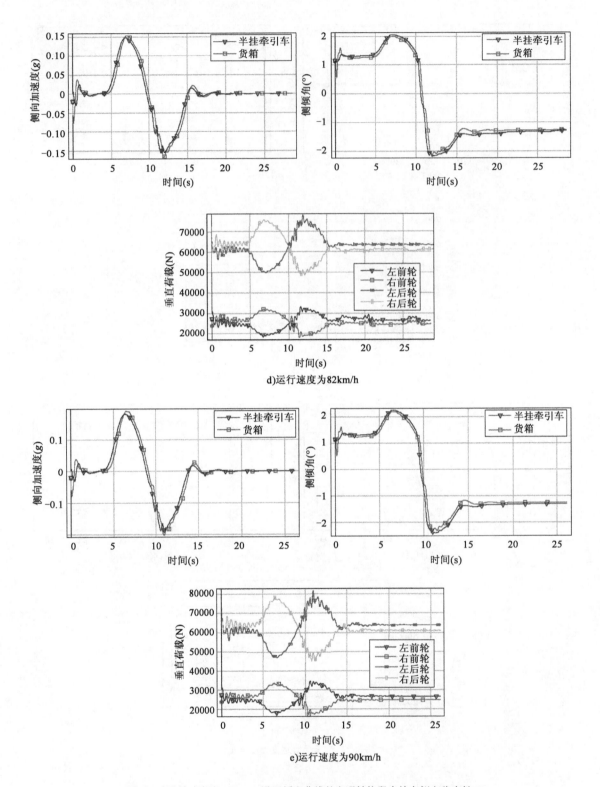

图7-19 设计速度为60km/h,设置缓和曲线的交通转换段半挂车侧向稳定性二

设计速度为40km/h时交通转换段半挂汽车列车行驶侧向稳定性参数　　表7-11

交通转换类型	曲 线 类 型	运行速度（km/h）	侧向加速度极值（g）	侧倾角极值（°）
双幅双向—单幅双向通行	不设置缓和曲线	40	0.022	1.49
		45	0.028	1.51
		50	0.035	1.54
		55	0.044	1.58
		60	0.051	1.61
	设置缓和曲线	40	0.031	1.51
		45	0.042	1.58
		50	0.049	1.62
		55	0.061	1.65
		60	0.067	1.69
左幅单幅双向—右幅单幅双向通行	不设置缓和曲线	40	0.023	1.49
		45	0.028	1.53
		50	0.033	1.57
		55	0.044	1.61
		60	0.051	1.66
	设置缓和曲线	40	0.059	1.72
		45	0.079	1.78
		50	0.108	1.85
		55	0.117	1.93
		60	0.152	2.04

设计速度为60km/h时交通转换段半挂汽车列车行驶侧向稳定性参数　　表7-12

交通转换类型	曲 线 类 型	运行速度（km/h）	侧向加速度极值（g）	侧倾角极值（°）
双幅双向—单幅双向通行	不设置缓和曲线	60	0.021	1.44
		67	0.024	1.48
		75	0.036	1.51
		82	0.044	1.55
		90	0.051	1.60
	设置缓和曲线	60	0.040	1.52
		67	0.059	1.61
		75	0.070	1.68
		82	0.084	1.73
		90	0.100	1.86

续上表

交通转换类型	曲线类型	运行速度（km/h）	侧向加速度极值（g）	侧倾角极值（°）
左幅单幅双向—右幅单幅双向通行	不设置缓和曲线	60	0.026	1.51
		67	0.031	1.52
		75	0.035	1.53
		82	0.047	1.57
		90	0.052	1.62
	设置缓和曲线	60	0.058	1.56
		67	0.079	1.72
		75	0.121	1.87
		82	0.150	2.14
		90	0.179	2.22

从仿真结果可以看出,在半挂汽车列车交通转换工况中,大半径反向圆曲线车辆运行情况优于设置缓和曲线的交通转换段;当车辆以超过设计速度50%行驶时,其侧向加速度极值与侧倾角极值均在许可范围内,对汽车侧向稳定性影响较小。

相同道路线形情况下,随着半挂车行驶速度的增加,半挂车侧向加速度与侧倾角增加,且|LTR|也将逐步增大;在同一设计速度下,若交通转换段设置缓和曲线,半挂汽车列车的侧向加速度变化将更加平稳,而车辆经过交通转换段时路拱横坡将会发生连续变化,因此,此时设置缓和曲线将优于不设置缓和曲线。同时,设计速度为40km/h、60km/h时设置缓和曲线可减小中央硬化带长度。

总体上,从工程经济性、车辆行驶稳定性来看,若交通转换段小型车辆所占比例较高,建议交通转换段线形设计为缓和曲线加小半径圆曲线,这样既可满足车辆行驶要求,又可减小施工工程量;若交通转换段大型车辆所占比例较高,则建议直接将交通转换段线形设计为大半径圆曲线。

第8章 改扩建作业区施工区段长度划分

8.1 施工区分段长度划分原则

(1)符合公路施工进度安排。施工区分段长度从本质上决定着施工工期,一旦分段长度确定,每一段施工工期将必须完全服从总体施工进度,因此,施工区分段长度需根据施工进度划分。

(2)尽可能保证全线施工区整体的交通流稳定性、行车安全性以及交通流的运行效率。施工区段的划分决定着公路全线的车流转换形式,影响交通流稳定性、行车安全性以及交通流的运行效率。

(3)主要专业工种在各个施工段所消耗的劳动量要大致相等。其相差幅度不宜超过15%。改扩建高速公路每一施工路段必须在相同的时间内完成,同时进入下一个阶段的施工,从而保证总体施工照常完成。

(4)在保证专业施工队劳动组合优化的前提下,施工段的长度要满足专业工种对工作面的要求。施工区分段长度需考虑相应设备的承受能力,过短则浪费,过长则不利于施工的准时完成。

(5)要考虑路网结构的整体性,施工段分界线应尽可能与路段结构自然界线(如互通和服务区等构成的界限)相吻合。由于沿线各构造物施工组织进度以及施工流程都有很大区别,比如互通、跨线桥、特大型主线桥的施工,故划分施工段时需结合具体路况进行分析。

(6)施工段的划分要考虑路基施工的便利性和施工成本的节约性,并且尽量减小路基施工对沿线交通流的影响。

(7)划分施工段数不宜过多,要满足合理流水施工组织要求。改扩建高速公路往往里程长、工程量大,施工段数过多将导致每一段长度有很大限制,并且从根本上增加了施工人数、设施数量以及组织安排难度,不利于施工组织的顺利开展。

8.2 施工区分段长度影响因素分析

高速公路改扩建工程施工区分段长度划分涉及因素众多,既包括工程技术条件、道路地质状况、区域路网条件、沿线结构物分布等工程因素,又包括行车稳定性、行车效率以及通行安全性等交通流因素,存在工程学、经济学以及交通流理论等多个学科交叉。

本书对工程因素进行必要的定性分析,指出影响施工区分段长度的机理,不做具体定量分析。与此同时,对改扩建高速公路交通流因素进行重点考虑,基于施工道路现场交通流模拟,进行相应的定量分析,从而提出合理的分段方案。

8.2.1 工程因素

1)项目管理因素

高速公路改扩建工程项目的实施,牵涉政府、地方以及专业技术等各方面的管理力量。就施工现场的组织管理来说,业主、工程监理、施工单位和政府主管部门四方对现场进行全方位管理,控制施工的具体实施。目前公路建设市场已经形成,随之出现了多种管理模式。

(1)业主对施工现场的组织管理。业主是指执行建设项目投资计划的单位,它对项目的管理主要体现在以下几个方面:对改扩建高速公路沿线的地方政府、红线内及其附近居民进行协调管理;保证各标段承包人有正常的施工环境;保证各承包人按时支付工程款项;监理工程师协调处理各种矛盾,保证监理费用即时到位;始终关注整个项目的进度、质量、费用并按计划进行管控;确保项目按期竣工,尽早进入投资回收期。从该层面上讲,业主关心的只是项目的顺利进行,可接受任何可以保证项目顺利进行的施工区分段长度。

(2)工程监理对施工现场的组织管理。监理工程师是指业主为实施该项目委托的承担该项目监理工作的独立法人。工程监理对施工现场的管理范围主要包括以下几个方面:协调业主与承包人之间的矛盾;解决承包人施工中的技术难题;监控承包人施工的进度、质量、费用三大目标;协助业主完成计量支付;为业主及承包人提供咨询服务。工程监理的职责在于维护业主的利益,其对施工区分段长度的要求与业主保持一致。

(3)施工单位对施工现场的组织管理。施工单位以承包人身份出现,当实行项目经理责任制后,施工现场就由企业授权的项目经理来负责某个标段或单项工程的实施。现场管理范围包括:进度、质量、费用三大目标控制,人工、材料、机械等资源的合理、均衡使用;施工季节、工序衔接等时间的优化;施工现场平面的合理布置,临时设施规模、位置的合理确定;各种施工方案、施工方法的技术、经济比较;经理部、施工队、工作班组的机构设置和人员调整等。施工单位作为施工承包单位,是项目具体实施的执行者,施工单位作为企业,以从项目中取得最大化利益为目标,要求所承包的施工段里程较长,同时施工单位项目具体施工实施后,需考虑自身的作业能力以及施工机械、人员的配置等因素。因此,施工区分段长度与施工单位有很大关系。

(4)政府主管部门对施工现场的组织管理。在项目实施的前期,政府主管部门在对项目进行论证立项时,最直接的管理部门是交通运输部或交通运输厅,此外还有国家或省级发展和改革委员会。进入施工现场管理阶段后,主要由相关事业单位执行,督促各承包人甚至业主按照有关技术规范、标准执行,对改扩建高速公路的现场施工管理起到保驾护航的作用。

总之,施工现场的管理关系进度、质量、费用三大目标的控制,涉及施工的各个层面及阶段,施工区分段长度作为一种控制项目进度、质量、费用的策略,影响整个项目实施的进程安排,分段施工利于对项目的管理,同时,合理性施工区分段长度设置的影响项目组织各单位的利益关系。

2)工程技术条件

工程技术条件主要是指施工单位作业能力、处理大型工程的经验以及施工队之间对施工进度的协调把握和分工协作等几个方面。

(1)施工人员及施工机械配备。

施工区分段长度关系施工工程量,高速公路改扩建项目一般里程较长、工程量巨大,需多个施工单位分工协作完成。为保证进度一致,施工单位在施工人员安排、施工机械配备上都需进行合理的安排。

施工人员包括施工单位管理人员以及技术人员。对于施工单位负责的特定标段,为缩短工期、保证质量,施工单位需进行标段的细部划分,即分成多个施工段平行完成施工作业。施工区分段长度的确定关系施工段数,一旦施工段数确定,意味着需要同样结构的若干施工队伍。因此,具体的施工区分段长度应结合施工单位自身的规模、装备等因素来确定。

此外,随着国外先进技术的引进,施工机械的性能越来越好,效率越来越高,给我国高速公路建设带来新的活力,这在大企业中体现得更为明显。但中小企业采用的施工机械往往适应不了等级公路的要求,施工质量也就无法得到保证了。

(2)施工技术经验。

高速公路改扩建工程是目前我国高速公路建设面临的新课题,在设计理念与技术、工程管理与质量控制体系、交通保畅体系等方面都缺少基本的规范支撑,可借鉴的工程经验也极为匮乏。各施工单位施工技术经验不一,造成施工区分段长度设置的不确定性,不存在严格意义上最合理的单一施工长度,应结合多方面因素考虑,设置一个区间。

(3)施工队分工协作。

合理的时间组织、空间组织、资源组织对整个项目施工顺利进行至关重要,这需要施工单位领导层制订合理的施工组织计划,协调各施工队伍的竞争和协作关系,确保各施工队在统一的安排下齐头并进,完成各阶段施工作业任务。各施工段应与施工队伍一一对应,从而影响施工区分段长度。

3)路基路面地质状况

路基和路面是道路的主要工程结构物。路基是天然地表面按照道路的设计线形(位置)和设计横断面(几何尺寸)的要求开挖或堆填而成的岩土结构物。路面是在路基顶面的行车部分用各种混合料铺筑而成的层状结构物。高速公路改扩建工程里程长、影响范围广,经常出现穿越不同路基地质条件的情况。地质条件的差异将引起道路承载能力、稳定性、耐久性以及表面平整度等的变化。

不同地质状况下的路基施工方案不同,工程量也有较大差异,主要体现在以下几个方面:

(1)地理条件。高速公路沿线的地形、地貌和海拔高度不仅影响路线的选定,还影响路基路面设计。平原、丘陵、山岭各区地势不同,路基水温状况也不同。平原地区地势平坦,排水困难,地表易积水,地下水位相应较高,因而路基需要保持一定的最小填土高度,路面结构层应选择水稳定性良好的材料,并采用一定的结构排水设施;丘陵区和山岭区地势起伏较大,路基路面排水设计至关重要,若排水不良,则会导致稳定性下降,出现破坏现象,影响路基稳定性。

(2)地质条件。改扩建高速公路沿线的地质条件,如岩石的种类、成因、节理、风化程度和裂隙情况,岩石的走向、倾向、倾角层理和岩层厚度,有无夹层或遇水软化的岩层,以及有无断层或其他不良地质现象(岩溶、冰川、泥石流、地震等)都对路基施工有很大影响。

(3)气候条件。气候条件,如气温、降水、湿度、冰冻深度、日照、蒸发量、风向、风力等都会影响改扩建高速公路沿线地面水和地下水状况,并且影响路基路面水温情况。施工区分段长度需考虑是否跨越两个气候条件差异地区,因地制宜。

(4)水文地质条件。水文地质条件包括地下水位,地下水移动的规律,有无层间水、裂隙水、泉水等。所有这些地面水及地下水都会影响路基路面的稳定性,如果处理不当,可能引起各种病害,因此施工区分段长度应避免跨越两个不同的水文地质条件路段。

(5)土的类别。土是路基路面的基本材料,不同的土类具有不同的工程性质,直接影响路基强度及稳定性。

总之,施工区分段长度应避免跨越不同地质状况的路段,让相同地质条件的路段作为一个施工段,保证单个施工区施工的连续性及施工方案的同一性。

4)区域路网条件

高速公路改扩建工程往往在不中断交通的情况下进行施工,这也是本书研究的对象。改扩建工程施工期间通行能力急剧下降,当交通量达到一定程度后,现有高速公路的通行条件无法满足交通需求,需借用周边道路分流一部分流量,一般利用与改扩建高速公路平行的道路进行分流。但周边平行道路通行条件、交通流量等因素不一,存在只有部分段落可分担流量的情况,此时高速公路主线交通只能借用局部路段进行流量分担,因此造成对应主线路段所采用的交通组织方案产生差异。此时,施工区分段长度需在不同段落的交通组织方案前提下进行划分。

5)沿线结构物分布

本书主要考虑高速公路沿线重要结构物,如互通式立交、主线大型桥梁、主线上跨桥以及服务区的影响。

沿线结构物的分布对施工区分段影响较大。从结构物交通组织方案内容可以看出,部分结构物需单独进行交通组织设计,且由于其对应独立的施工组织方案,应考虑构造物施工的特殊性,工程量大(相比一般路段)是改扩建项目实施的瓶颈。有结构物段应按照各个施工段消耗的劳动量大致相等的施工段划分原则,结合实际的工程量进行划分,其较一般路段施工区长度短,具体长度应结合具体构造物的类型及施工方案进行分析。

6)中央分隔带开口间距

设计高速公路时,为了使车辆在必要时可通过开口到对向车道行驶,实施紧急救援、抢险、公路维修以及养护时临时借道的交通组织等活动,往往需要隔一段距离设置一个中央分隔带开口,一般情况下禁止车辆行驶。

《公路路线设计规范》(JTG D20—2017)中指出以下中央分隔带开口的设置原则:

(1)互通式立体交叉、隧道、特大桥、服务区设施前后,以及整体式路基、分离式路基的分离(汇合)处,应设置中央分隔带开口。

(2)中央分隔带开口间距应视需要而定,最小间距应不小于2km。

(3)中央分隔带开口长度不宜大于40m;八车道及以上车道数的高速公路开口长度可适当增加,但不应大于50m,且需设置活动护栏。

我国高速公路中央分隔带开口间距的调查结果如表8-1所示。从调查情况来看,高速公路中央分隔带开口间距受弯道、桥梁及服务区位置的影响,大小不一,变化范围主要在1~10km之间,多数线路的开口间距平均为2km左右。

高速公路中央分隔带开口间距调查结果(单位:km)　　　　表 8-1

间距	京珠高速公路	同三高速公路	京津塘高速公路	济青高速公路	京福高速公路	商开高速公路	京沈高速公路	石黄高速公路
最大	3.1	2.6	3.1	2.9	2.8	4.2	4.7	7.1
最小	1.4	0.7	1.0	0.4	0.9	1.3	1.9	1.2
平均	2.0	1.9	2.1	1.8	2.0	2.1	2.5	5.0

为满足高速公路改扩建工程分段施工的需要,可尽量利用原来的中央分隔带开口,减少费用支出,尽量较少改动施工区的设置和改造中央分隔带,将现有高速主线上两个中央分隔带开口之间的路段作为一个施工区段,即从原高速公路中央分隔带开口间距考虑,施工区间隔长度理论上可以设置为 $2n\mathrm{km}(n=1,2,\cdots)$。

8.2.2 交通流因素

高速公路改扩建工程施工期间的交通流特性较为复杂,存在边通车边施工的状态,道路行车条件以及行车速度都发生较大变化。受各种因素制约,从交通工程角度分析,施工区间隔长度与全线的交通流状态具有很直接的关系。

一般情况下,高速公路改扩建工程施工区分段长度越长,驾驶员因行驶状态和注意力长时间无变化,导致对道路施工路段状况的警觉性降低,从而潜意识加速行驶,影响施工路段安全性。同时,施工区越长,意味着施工强度越大,驾驶员将更加谨慎地驾驶车辆,车流速度自然降低,导致延误时间增加,产生主动性的通行能力下降,施工区通行效率下降。但施工区越长,施工区行车越稳定。此外,较长施工区可以保证施工进行更彻底,利于机械化施工,由于较长的施工区意味着施工段数较少,降低了施工单位施工机械和人员的压力。

然而,施工区长度较短不利于施工作业的进行,导致施工组织计划编制困难,高速公路改扩建成本也会相应增加。同时,单幅施工间隔过短将增加车辆转至另单幅的频率,导致驾驶员加减速频繁,影响道路通行能力及驾驶员驾驶舒适性,并且要求大量施工人员和施工设施。因此,施工区间隔长度的设置必须综合考虑各种情况,综合分析,选取合理的施工区分段长度,找到其中的平衡点。

8.2.3 本书考虑因素

由上文分析可知,高速公路改扩建工程施工区分段长度影响因素较多,其并不是单纯由道路交通流条件决定的,而是牵涉工程中的许多因素,特别是施工作业的要求等所产生的影响更大,且较为复杂。将全部因素都予以考虑不现实,也无法得出一个权衡各种因素的施工区合理分段长度。

基于以上原因,本书立足于改扩建高速公路施工区的交通流特性,从交通工程角度研究合理施工区分段长度,具体从施工区交通流稳定性、交通效率以及交通安全三个方面的特性与施工区分段长度之间的关系进行剖析。此外,在此基础上,结合原高速公路中央分隔带开口特征(即开口间距平均为 2km),考虑高速公路特殊构造物的分布特征,综合分析得出施工区合理分段区间。

8.3 施工区合理长度度量

8.3.1 交通流稳定性度量

1）交通流稳定性概述

本书中的交通流稳定性是指交通系统中车辆以安全的速度与车头间距自由行驶的一种能力，交通流稳定性越好，车辆越不易发生拥挤或碰撞现象，从而有效缓解交通拥堵现象。现阶段既没有交通流稳定性的严格数学定义，也缺乏统一的稳定性机理结论。同时，其研究也仅限于各种交通流模型，极少有研究给出对交通流稳定性和稳定程度的判定。

以往的研究表明，稳定性是衡量车流运行状况的重要指标，而车流拥堵是交通流失稳的重要体现。夏晶（2001）提出了交通流稳定性的含义：交通流具有的保持或恢复自身结构和功能相对稳定的能力，叫作系统的稳定性，它包括抵抗力稳定性、恢复力稳定性等方面。其中抵抗力稳定性是指交通流抵抗外界干扰并使自身的结构和功能保持原状的能力（受到干扰，保持原状）。一般交通流系统内部具有一定的自动调节能力，但其自动调节能力总有一定的限度，如果外来干扰超过了这个限度，则其相对稳定状态就会遭到破坏。而恢复力稳定性是指交通流运行状态在遭到外界干扰因素的破坏以后恢复到原状的能力。

判断施工区交通流是否处于稳定状态，可以较好地度量施工区行车状况，其意义在于：只有在交通流非拥堵情况下，才可能保证实现运行效率的最大化。因此，稳定性是交通流畅通运行的前提。

2）施工区交通流稳定性影响因素

高速公路改扩建工程不中断交通施工对车流通行稳定性造成很大影响。一方面，施工区的行车条件时刻发生变化，车辆行驶时存在车道数变化、行车速度增减、借道行驶等状况，且变化频率较高，对驾驶员驾驶技术、心理状态以及驾驶舒适度提出巨大挑战。另一方面，由于车辆特性不一，大小车混合行驶，存在较大速度差，单车道行驶时，车队平均车速受大车车速制约，后面车辆只能依附跟进，但车速一致使得车队行车稳定。此外，施工车辆出入施工区也会对主线车流行车稳定性造成影响。

基于施工区交通流特性以及稳定性机理，本书提出影响施工区交通流稳定性的三个因素，即施工区信息反馈频率（即背景交通状况）、驾驶员特性以及车辆协同性。

（1）信息反馈频率。

高速公路改扩建工程时间长、工程量大、边通车、边施工的条件造成了极其复杂的行车环境，使各种信息交汇。施工车辆进出施工区、临时标志和标牌形式及布设位置、行车转向等对主线交通造成干扰，且各阶段对应的车流组织方案各异，特殊结构物行车组织具有各自特点，存在诸多不稳定因素。总之，施工区反馈的视觉信息、听觉信息频率等影响交通流稳定性。

高速公路改扩建工程往往划分成若干个施工段进行平行流水式施工，施工区分段长度决定着施工区的数目，同时也关系着施工区不同施工段之间转换的频率。而单个施工区需设置的临时标志、标牌,施工车辆、机械等数量固定,施工区越短,意味着驾驶员行驶同样的距离接收的信息越多。本书将以施工区信息反馈频率作为切入点,以车流转换频率为指标,定量分析施工区特性对交通流稳定性的影响。

(2)驾驶员特性。

驾驶员具有明显的倾向特性、反应特性以及预测特性,且因人而异。

①倾向特性。驾驶员按其在跟车过程中对前车的紧随倾向的不同可以分为冒险型和保守型。冒险型驾驶员具有快速反应能力和强烈的紧随愿望,但当前车速度发生较明显变化时,由于车间距过小和反应的滞后性,很容易引发交通流的不稳定;保守型驾驶员的反应能力相对较弱,而安全意识较强,没有强烈的紧随愿望,因此在跟车行为中往往与前车保持较大的车间距,在前车速度发生变化时能够从容地调整自身速度并保证行车安全性。

②反应特性。驾驶员的反应特性是指在跟车条件下,后随车对前导车速度波动形成的"刺激"的反应能力,分为感觉、认识、判断、执行4个阶段。

③预测特性。预测特性是指驾驶员在对前方扰动进行感觉、认识之后,估计扰动传播到自身的时间。驾驶员预测时间准确度因人而异。

驾驶员具有的三个特性因人而异,主观性强,难以定量分析,通常认为驾驶员行车经验、个性、年龄差异导致驾驶行为差异,从而影响驾驶稳定性。采用驾驶倾向性系数 K 作为驾驶员特性对驾驶操作的影响系数,K 值由驾驶员类型决定。驾驶倾向性系数 K 通常采用以下公式计算:

$$K = K_e \times K_p \times K_a \tag{8-1}$$

式中:K_e——驾驶经验因素倾向性系数,取值范围为 0.88~1.11,该值越小,表明驾驶员处理突发事件的经验越多,反之经验越少;

K_p——个性因素倾向性系数,统计分析得保守型驾驶员该数值取 0.95 较合适,冒险型驾驶员该数值取 1.05 较合适;

K_a——年龄因素倾向性系数,取值范围为 0.98~1.02,驾驶员越年轻,该数值越大;反之越小。

(3)车辆协同性。

车辆协同性是指改扩建工程施工区内,车流具有不同反应特征的车辆驾驶员的分布情况,包括以下两方面的含义:

①假设施工区车队期望的安全距离相等、严格保持一定车间距的车辆为理想车辆,完全由这样的车辆组成的车队称为协同车队;否则称为非协同车队。

②假设能够在扰动波到达之前很好地预测并快速做出反应的驾驶员为稳定型驾驶员。由于这些驾驶员希望自身车辆受扰动的影响尽量小,因此他们通过稳定自身从而间接稳定整个交通流。

高速公路改扩建工程施工区各断面行车速度各异,存在着一定的波动和随机性,驾驶员对安全距离以及行车速度的把握关系着施工区的稳定性。本书将从各断面行车速度之间的差异着手,考虑施工区车辆之间的协同性,即假定速度差越大,车辆的协同性越好,施工区越稳定。

3) 基于交通熵的稳定性度量

熵是物理学名词,在传播中是指信息的不确定性,高信息度的信息熵很低,低信息度的熵值则很高。具体说来,凡是导致随机事件集合的肯定性、组织性、法则性或有序性等增加或减少的活动过程,都可以用信息熵的改变量来度量。用于描述信息源不确定性的信息熵刻画了系统的混乱和无序程度。信息熵可用来度量事物所包含的信息量以及事物状态演化过程的信息变化。信息熵模型主要适用于信息不完整或是主观认知的差异造成的信息混乱。

本书在信息熵的理论基础上,提出交通熵的概念,用来度量交通流稳定性。对于交通运行这一具备不确定特征的信息源,存在连续的、离散的特征指标。对于某一个离散的指标(随机变量)x 的特征值 x_i,可表示为 $p(x=x_i)=p_i$,其中,$i=1,2,\cdots,n$。即随机变量 x 取值 x_i 的概率为 p_i,它表述了某一指标的信息特征值 x_i 有 p_i 的概率发生,这里有:

$$p(x=x_i/x=x_j)=0, \quad i \neq j \tag{8-2}$$

$$\sum_{i=1}^{n} p_i = 1 \tag{8-3}$$

定义信息熵为:

$$H(x)=H(p_1,p_2,\cdots,p_n)=-\lambda \sum_{i=1}^{n}(p_i \ln p_i) \tag{8-4}$$

本书通过仿真获得交通流相关参数,对影响施工区交通流稳定性的若干因素进行定量分析,计算不同施工区长度划分下的信息熵值。初步认为,熵值越大,施工区交通流系统越不稳定,反之亦然。从而基于稳定性角度筛选出合理的施工区分段长度。

8.3.2 施工区交通效率评价

交通效率(交通流运行效率)是指交通的时效性,评价指标一般有通行能力、行程时间、车均延误和停车延误、停车次数、停车率等。高速公路改扩建工程施工期间存在行车道数目的交替变化以及横向借道行车的状况,引起车辆分流、合流冲突,行车速度随着道路条件时刻变化,过渡段甚至出现排队延误,显著影响路段交通流运行效率。交通流运行效率指标可以有效体现不同分段长度施工车流的运行状况。

考虑需改扩建高速公路施工行车组织的特殊性以及方便性,采用车均延误、行程车速、断面通过量和通行能力4个指标度量不同施工区分段长度对车流运行效率的影响。

1) 车均延误

延误特指道路施工期间由于交通摩阻或交通管制引起的行驶时间损失,车均延误为车辆通过所研究施工路段的平均时间损失,即实际行程时间与理论行程时间的差值。不同高速公路分段施工长度下的车流交通组织、绕向频率、限速取值、行车环境等均有变化,引起的延误存在差异,车均延误可以有效体现不同长度施工路段运行情况。

2) 行程车速

行程车速亦称区间车速,是车辆行驶在道路某一区间的距离与行程时间的比值。行程时间包括行驶时间和中途受阻时的缓行或停车时间。行程车速是评价道路行车通畅程度与分析车辆发生延误原因的重要数据。

通过设置行程区间,仿真得出双向车流行程时间,从而得到各分段长度下的行程车速。

3)断面通过量

断面通过量是指在一定的时段和正常的道路、交通、管制以及运行质量要求下,改扩建高速公路施工期间道路某一断面通过交通流质点的流量。

通过设置断面检测器,仿真得出各流向断面通过车辆数。

4)通行能力

通行能力是指在一定的时段和正常的道路、交通、管制以及运行质量要求下,道路设施通过交通流质点的能力。通行能力是道路负荷性能的一种量度,是常用的交通效率评价指标。

8.3.3 施工区交通安全评价

高速公路改扩建工程通常采取边通车、边施工的方式,通车与施工相互干扰,给改扩建作业区带来较大的安全隐患。研究高速公路改扩建期间的交通安全,减少施工与通车的相互干扰,是保障高速公路改扩建顺利进行的关键。

通过描述不同施工区长度划分下的高速公路改扩建工程施工期间的交通安全状况及其变化趋势,研究施工区分段长度对交通安全的影响以及制约程度,为改善道路交通安全提供依据。采取基于Vissim模拟的交通冲突技术进行安全评价。

交通仿真技术为在建或拟建道路交通安全评价提供了便利,克服拟改扩建高速公路无法获取现场数据的弊端,通过仿真直接获取路网冲突数。为了更加客观地反映施工区交通安全性,选择冲突数与断面通过量、施工区分段长度的比值——车公里冲突数作为评价指标。

$$f = \frac{TC}{\tilde{Q} \cdot L} \times 1000 \tag{8-5}$$

式中:f——车公里冲突数,次/(辆·km);

TC——时均冲突次数,次;

$\tilde{Q}$——断面通过量,pcu/h;

L——施工区分段长度,m。

8.4 施工区分段长度分析思路

通过对高速公路改扩建施工现状条件进行分析,考虑施工工期,施工人员、设施安排以及工程造价等,以定性的方式讨论施工区合理分段长度。

此外,在高速分段间隔施工组织基本前提下,选取其中特定长度路段进行不同间隔区段划分,分不同施工间隔进行全线施工组织。根据高速公路改扩建实际调查数据,建立不同施工间隔下车流运行组织的仿真模型,基于Vissim仿真分析,得出不同施工间隔下车流运行数据,最后从施工路段交通流的稳定性、运行效率和交通安全三个方面对不同间隔施工组织进行综合评价,找出三者的平衡点,从而得出最优施工间隔参考区间。施工区合理分段长度技术路线如图8-1所示。

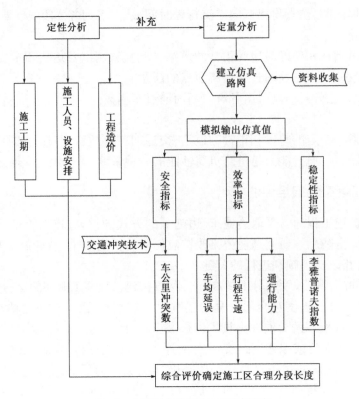

图 8-1 施工区合理分段长度技术路线

8.5 施工区分段长度仿真研究

本书采用模拟的方法对不同施工路段分段长度进行仿真,建立 Vissim 仿真路网,得出不同施工区分段长度下车流运行特性,最后从施工路段交通流运行效率指标、交通安全指标、交通流稳定性指标三个方面对不同分段长度施工组织进行综合评价,找出三者的平衡点,从而得出合理分段长度参考区间。

1)施工区合理分段长度评价指标

(1)交通流运行效率指标。

交通流运行效率的评价指标一般有通行能力、行程时间、车均延误和行人延误、停车次数、停车率等。

由于单幅交替间隔施工使车辆横向跨越至另单幅道路,并因此引起车道数减小从而形成分流、合流冲突,车辆运行至过渡段时车速必然降低,从而对路段交通流运行效率造成显著影响。因此交通流运行效率指标可以有效反映间隔施工车流运行状况。

考虑高速施工行车组织的特殊性及便利性,此处采用路段的通行能力、车均延误及行程车速来度量不同施工区分段长度对交通流运行效率的影响。

(2)交通安全指标。

交通事故与交通冲突存在着相似的形式,但二者间存在着区别,即是否产生了直接的损害性后果。采用交通冲突数代替事故数进行安全评价时应该考虑交通冲突转化为事故的可能性。由于对交通安全直接评价具有现实困难性,鉴于交通事故产生的主要原因是道路上不同车辆运行时产生的交通冲突,故采用交通冲突数作为安全评价指标,主要通过不同单幅施工间隔下交通冲突数进行分析。

由于各种单幅施工间隔下仿真路网总长一样,但断面通过量不同,故这里采用 TC/MPCU(冲突数与混合交通当量的比值)进行评价,其中冲突数通过整理 Vissim 仿真运行数据得出。

(3)交通流稳定性指标。

交通流稳定性是衡量交通流运行质量的重要指标。若交通流稳定,则其一般处于非拥挤和畅通状态,其路段密度、车速等均在合理范围内有序波动,当受到外界干扰时,恢复至原稳定状态的能力较强。若交通流不稳定,则不同时刻的路段密度、车速会发生无序变化,此时交通流的效率、道路交通安全水平也会随之降低。因而交通流稳定性是评价交通设施合理性的一个重要指标。这里采用李雅普诺夫指数进行评价。

李雅普诺夫指数用以度量相空间中两条相邻轨迹随时间按指数律分离的程度,定量描述两个极靠近的初值所产生的轨道随时间推移按指数方向分离这一现象。

2)施工区合理分段长度仿真分析

用 Vissim 仿真软件对高速公路改扩建工程的交通流进行仿真时所需要的条件包括公路条件和交通条件。其中公路条件包括车道数、车道宽度、车道长度、纵坡度、纵坡长等;交通条件包括交通组成、交通量、车辆基本性能等。各仿真参数视具体情况设置。具体仿真流程如图 8-2 所示。

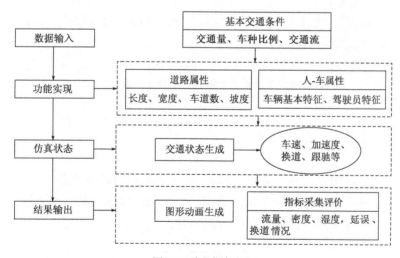

图 8-2 路段仿真流程

(1)仿真路网长度。

对某高速公路两个互通之间路段进行仿真模拟,仿真路网长度定为 34km,单车道宽度为 3.75m,在施工现场前、后中央分隔带设置开口,道路单幅封闭,在远离改道点处设"前方施工,减速慢行"标志和"单车道通行"标志。改道点 1km、800m、500m 处分别设置限速 60km/h、40km/h、40km/h 标志。

在改道点 100m 处设置"车辆隔离、导向"标志,保证行车安全以及平顺,车辆合流处设置行车道优先规则,减少直接冲突,保证行车安全,分流、合流处设置合理的导流渠化设施。

仿真路网细节根据具体施工组织方案设置。参照《公路养护安全作业规程》(JTG H30—2015),公路养护路段的交通管理区域分为警告区、上游过渡区、缓冲区、工作区、下游过渡区和终止区6个区域,根据具体施工组织方案以及施工工期,这里只考虑前面5个区域,其中警告区最小长度参考表8-2。

警告区最小长度　　　　　表8-2

公路等级	设计速度(km/h)	警告区最小长度(m)
高速公路、一级公路	120,100	1600
	80,60	1000

缓冲区长度取值应大于50m,结合实际情况取为100m。

转向过渡段长度取值参考现行《道路交通标志和标线》(GB 5768)建议的公式来估算,考虑高速施工的连续性,上、下游过渡区长度取相同值,具体长度需根据具体横向绕向距离及车速确定。

$$L_s = \begin{cases} \dfrac{v^2 W}{155} & (v \leq 60 \text{km/h}) \\ 0.625vW & (v > 60 \text{km/h}) \end{cases} \quad (8\text{-}6)$$

式中:L_s——过渡区长度,m;
　　　v——施工区实际速度,km/h;
　　　W——封闭车道宽度,m。

计算结果为86m,综合考虑其他因素现取值100m,即施工路段缓冲段取值为100m。

(2)车辆构成及限速设定。

分流后不同类型车辆折算系数及构成比例如表8-3所示。

分流后不同类型车辆折算系数及构成比例　　　　　表8-3

车辆类型	小客车	大客车	小货车	中货车
折算系数	1	1.5	1	1.5
构成比例	0.45	0.01	0.41	0.13

由于施工过程中存在许多不安全因素,为了保证车辆运行的安全性、平顺性及稳定性,须结合具体施工阶段对不同路段进行限速,一般情况下保证60km/h的行车速度。

车道数变化合流过渡处限速通过以下公式估算。

$$R = \dfrac{V^2}{127(\mu \pm i_h)} \quad (8\text{-}7)$$

式中:V——行车速度,km/h;
　　　R——曲线半径;
　　　μ——横向力系数;
　　　i_h——超高横坡度。

考虑最不利条件下的横向力系数及超高横坡度,计算得 $V = 46$km/h,综合考虑下取值40km/h。

此外，针对车道数变化过渡段合流处应设置内车道优先通行规则，外车道排队等候可穿插间隔进行车道变化。过渡段应设置完善的导流曲线并采取渠化措施。

3）各指标分析

考虑表征效率的指标很多，且各有代表性，这里采用车均延误、行程车速、通行能力进行评价。通过对 Vissim 仿真运行得出的数据进行整理分析，得到各指标统计数据如表 8-4 所示，每个指标随不同分段长度变化如图 8-3~图 8-5 所示。

不同分段长度下各指标仿真取值　　　　表 8-4

分段长度(km)	车均延误(s)	行程车速(km/h)	通行能力(pcu/h)
2	883.79	35.37	1116
4	789.38	39.9	1157
6	747.09	40.86	1244
8	790.81	39.43	1214
10	904.64	40.84	1209
12	876.86	36.63	1135

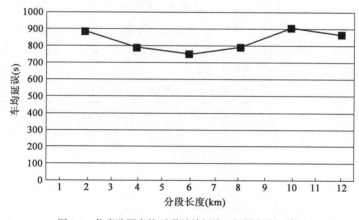

图 8-3　仿真路网车均延误随单幅施工间隔变化折线图

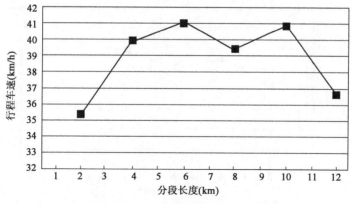

图 8-4　仿真路网行程车速随单幅施工间隔变化折线图

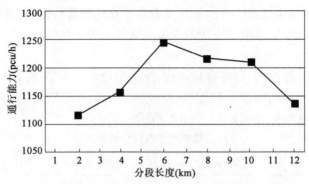

图8-5 仿真路网通行能力随单幅施工间隔变化折线图

由图8-3~图8-5可知：

(1)随着分段长度的变化，仿真路段车均延误与行程车速变化幅度不大，这主要与仿真路网长度以及其他条件设置相同有关，但从数据变化中可发现当施工段长度在4~8km区间内时，车均延误和行程车速相对处于较优水平。

(2)当单幅施工间隔为6km左右时，仿真路网通行能力相对其他分段长度取值较大。

综合分析表明，当分段长度为4~8km时，交通流运行效率最大。

交通安全评价由于缺乏实际冲突数据，这里利用Vissim软件中车辆记录功能中的车辆交互作用状态进行数据采集，选取输出数据中的制动AX状态，并进行统计整理，结合仿真运行得出的断面流量，以及冲突数与混合交通当量的比值，即TC/MPCU，统计结果见表8-5，仿真路网TC/MPCU随分段长度变化折线图见图8-6。

不同分段长度下仿真路网TC/MPCU　　　　表8-5

分段长度(km)	车公里冲突数[次/(辆·km)]	TC/MPCU
2	315643	8.3
4	437647	10.95
6	447959	9.99
8	520351	11.53
10	490643	12.45
12	495256	11.14

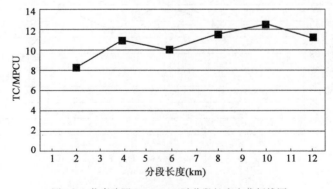

图8-6 仿真路网TC/MPCU随分段长度变化折线图

由图 8-6 可知,TC/MPCU 随分段长度变化呈现不规则曲线,但总体上来说,随着施工区分段长度的增加,TC/MPCU 呈上升趋势,即安全性降低。当 TC/MPCU 较小时,表明此状况下施工路段单车冲突数最少,道路车辆行驶最安全,故从安全性角度考虑,分段长度不宜过长。当分段长度位于 2~6km 内时,安全性较高。

交通流稳定性分析由仿真实验得到各种人行横道间距下时间尺度为 1s、5s 和 10s 时的路段平均车速的时间序列,通过 Matlab 编写程序得到最大李雅普诺夫指数 λ_1,如图 8-7 所示。

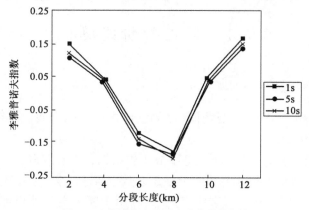

图 8-7 不同分段长度下李雅普诺夫指数

由图 8-7 可知,当分段长度为 6~8km 时,李雅普诺夫指数 λ_1 为负,表明此分段长度下,交通流处于稳定状态;其他情况下均为正,说明此分段长度下交通流为混沌状态。

第9章 临时防护设施分类与分级

9.1 国内外研究现状

9.1.1 国内研究现状

张铁军、唐琤琤等人(2008)参照美国《路侧设计指南》,结合我国实际道路状况和专家经验将我国路侧危险等级划分为四级。

陈乐生等人(2005)通过科学分析交通事故历史数据,以边坡高度、坡度、坡脚状态和重要构造物为影响交通安全因素,采用专家打分法结合数学表达式实现路侧危险等级的定量评价。

游克思等人(2010)借鉴欧美国家研究成果,利用车辆驶出路外可能性、暴露于危险路侧环境的频率以及危险严重程度的组合表示路侧危险程度。此外,他们从这三个方面分别制定打分标准,以三者乘积确定安全等级,并在此基础上建立了路侧危险指数用于评价路侧安全。

郑恒等人(2008)构建了一个用于评价路侧安全性的指标体系。基于贝叶斯网络的表达不确定性知识和进行不确定性知识推理的能力,建立了一种路侧安全等级评价模型。

李长城等人(2011)结合层次分析法和灰色聚类评价,分析所选取的13个指标,从而建立全面的评价指标体系,以综合评价路侧安全。

于海龙等人(2009)结合多个专家意见和历史道路交通事故数据将贝叶斯网络理论应用在公路路侧评价领域。

郑恒等人(2008)选取事故率、死亡率、事故致死率、万车死亡总事故率为评价指标,运用灰色聚类分析进行危险路段的鉴别并对危险等级进行分类。

孟祥海等人(2011)建立了基于交通流量和几何线形指标的高速公路基本路段事故预测模型。该模型利用山岭重丘区高速公路几何线形和交通事故数据,基于几何线形条件对基本路段进行了划分,确定了路段单元。结合神经网络与敏感性分析的方法,确定了对事故发生有突出影响的道路纵坡、平曲线半径、直线段长度等线形指标及其事故率修正系数。

李寅(2012)统计并分析了我国山区公路的路侧危险点段的实地调研数据,基于道路几何条件、交通流特征、路侧几何条件和路侧危险物四大类因素构建了完善的路侧危险度评估方法。

贾益(2013)通过对各种具体路侧情况进行理论分析和科学研究,提出了路侧危险度的概念,并基于灰色聚类理论建立了将路侧危险等级划分为四级的评估方法。

9.1.2 国外研究现状

Zegeer等人(1981)以路侧净区宽度、边坡坡度、护栏设置情况、路侧危险物等路侧特征为划分标准,将路侧危险度分为七级,级别越低表明路侧环境越安全。该分级指数已作为一个变量纳入 IHSDM 乡村双车道事故预测模型当中,在道路交通事故预测中发挥重要作用。

美国国家公路与运输协会(AASHTO)在 2002 版《路侧设计指南》中给出了一种基于成本-效益分析的路侧安全改善项目投资决策方法,并编制了名为 RSAP 的软件辅助实施。RSAP 软件采用侵入概率的方法,基于 NCHRP 项目 22-9 和 22-9(2)研究成果,主要包括主分析程序和用户界面程序。该软件主要包括侵入模块、碰撞预测模块、严重度预测模块和成本-效益分析模块 4 个主要部分。

英国 Kentucky 交通运输研究中心在 2009 年开发了"护栏位置评价系统"(Guardrail Location Rating System),用于准确识别需要加装路侧护栏的道路路侧位置,并对这些位置进行优先排序。评价过程中为了确定"平均路侧特征"的评分值,C. Sun、T. Beckham 等人(2009)参考 Zegeer 的方法,利用主观判断将路侧危险度划分为 5 级,级别越低表示路侧越安全。此外,该评级过程还列出每一等级的代表照片供决策者参考。

Paul de Leur 等人(1994)利用计算机仿真技术建立路侧危险物仿真模型(Version 9)。通过一定的交通条件和道路条件下车辆动态仿真,评价路侧危险性,并精确模拟离车道边缘 20m 以内的路侧危险物和地形。

José M. Pardillo-Mayora 等人(2010)以大量双车道乡村公路历史交通事故数据和路侧信息为依据,分析了路侧结构对道路安全的影响,并定义了路侧危险指数(Roadside Hazardousness Index,RHI)。他们选择了对车辆冲出车道后果有影响的路侧边坡、不可跨越的危险物离车道边缘的距离、安全护栏的安装与线形等指标。根据这些指标的组合情况对样本数据进行 k 均值聚类分析。根据分析结果将路侧危险指数划分为 1~5 级,级别越低表示路侧越安全。

S. Turner 等人(2011)借鉴 Kiwi RAP(新西兰道路评估项目)路侧危险等级评定方法评估路侧状况的质量。该评价方法主要包括一个由路侧危险物横向偏移距离(分为 0~4m、4~9m、9~15m、>15m)和路侧事故严重度(可忽略的伤害、轻微伤害、中等伤害和严重伤害)组成的 4×4 的矩阵表。其不足之处在于最终尚未给出路侧危险等级划分表格。

Shankar 等人(1996)针对华盛顿州 5 年较为完善的道路交通事故历史数据,利用多元 Logit 模型将路侧危险度分为财产损失、可能伤害、明显伤害、重伤、死亡五个等级。Lee Jin-sun(2002)、Chang Li-Yen(2005)、Carson(2001)等人也采用类似方法开展了相关研究。

总结以上国内外对路侧安全及防护的研究,涉及低等级公路、高速公路、山区公路等情况,国内的 4 级划分与美国 7 级划分没有本质区别,都是定性地根据影响路侧安全的主要因素来划分,但都未研究施工作业情况下的路侧安全。当前国内高速公路通行能力趋于饱和,部分省份已开始进行高速公路改扩建。在改扩建期间,道路环境复杂多样,路侧多为临时防护,道路通行能力受限,存在一定的安全问题。为此,本章基于灰色聚类理论,综合道路线形、交通量、施工作业强度、路侧特征四大方面,提出 6 级路侧安全等级及相应防护措施。

9.2 路侧安全等级灰色评价

9.2.1 灰色系统基本原理

在控制论中,用深浅不同的颜色表示明确程度不同的信息。可以定义,白色系统就是信息完全明确的系统,信息未知的系统叫作黑色系统,部分信息明确、其他信息不明确的系统称为灰色系统。道路交通安全系统部分信息不明确,是灰色系统,属于灰色系统理论的研究范畴。交通安全信息变量多、因素复杂,可以通过对少量已知信息进行筛选、加工、延伸和扩展,运用灰色聚类评价方法,对道路交通安全进行宏观和微观评价,以将其安全水平限定在某一范围内,达到定量评价路侧危险度的目的。

9.2.2 路侧安全评价体系

路侧安全等级评估指标体系由道路线形、交通量、施工作业强度和路侧特征4大类组成,每一大类指标又包含若干个下一级指标。一般认为道路线形和交通量因素与车辆驶出路外的概率或频次有关;路侧特征因素影响路侧事故的严重性;施工作业强度属于主观可控因素,是最能直接评估路侧安全状况的指标。

9.2.3 变量控制

1) 平曲线变量 X_1

X_1 为集计变量,表示评价路段平均百米长度的偏角值,按下式计算。

$$X_1 = \sum (WH_i \times DEG_i) \tag{9-1}$$

式中:WH_i——第 i 个圆曲线位于评价路段内的比重,$WH_i = l_i/L$;

l_i——评价路段中第 i 个圆曲线的长度;

L——评价路段的总长度;

DEG_i——第 i 个圆曲线每百米长度的曲线偏角,$DEG_i = 18000/(\pi \times R_i)$;

R_i——第 i 个圆曲线半径。

2) 纵坡变量 X_2

X_2 为集计变量,表示评价路段加权平均纵坡值,按下式计算。

$$X_2 = \frac{\sum (G_i \times l_i)}{L} \tag{9-2}$$

式中:G_i——评价路段中的坡段纵坡值;

l_i——坡段长度;

L——评价路段的总长度。

3) 高峰小时交通量变量 X_3

由于当前交通部门交通量统计报表中的当量数是以中型车为标准换算车型的,因此,评价方法中的高峰小时交通量为按各类车型的换算系数换算成标准当量小型车的交通量。

4) 货车比重变量 X_4

货车比重按下式计算。

$$X_4 = \frac{\sum Truck_i}{ADT} \times 100\% \tag{9-3}$$

式中:Truck_i——i 类货车的重型车当量数;
   ADT——日均交通量的小客车当量数。

根据现有交通量观测站的记录信息,货车包括小型载货汽车、中型载货汽车、大型载货汽车、拖挂车、小型拖拉机和大中型拖拉机 6 种车型。

5) 施工时长变量 X_5

X_5 通常是指在一个地点设置作业区,实施作业以及拆除作业区的时间总和。

6) 施工区长度变量 X_6

X_6 通常是指警告区、上游过渡段、缓冲段、施工区、下游过渡段的长度总和。

7) 封闭车道宽度变量 X_7

封闭车道宽度通常是指施工时所占道路横断面的宽度。常见封闭宽度有移动式施工宽度(0m)、切除硬路肩施工宽度(0~3m)、封闭内侧车道施工宽度(3.75m)、封闭硬路肩及外侧车道施工宽度(6.75m)、封闭单幅车道施工宽度(14m)。

8) 路侧净区宽度满足率 X_8

路侧净区宽度满足率按下式计算。

$$X_8 = \frac{CZ}{W} \times 100\% \tag{9-4}$$

式中:CZ——评价路段的实际路侧净区宽度;
   W——依据评价路段的边坡比率、交通量和设计速度,参考美国《路侧设计指南》关于路侧净区设置的规定,得到建议路侧净区宽度的下限值。

如果有断面运行速度调查值 V_{85},则用其代替设计速度,查表确定路侧净区宽度。将路侧净区宽度满足率变量代入模型时,需要作如下转化:令 $X_7^* = 1 - X_7$,$X_7 = X_7^*$。

9) 边坡坡度变量 X_9

边坡坡度通常是指道路外侧路堤边坡平均坡度。

10) 路侧深度变量 X_{10}

路侧深度是指行车道路面至路侧悬崖、沟壑、边坡或路肩挡墙底部的高度。对于设置防撞护栏的地段或挖方路段,X_{10} 值取为 0(假定护栏具有足够的强度,且处于养护良好的状态,能够对冲出路段的车辆实施有效拦截和导向);对于不具备防撞能力,如未设置警示桩、挡墙、挡块、防护墩的路段,X_{10} 取值按路面至路侧悬崖、沟壑、边坡或路肩挡墙底部的高度计算,需要指出的是,在实际数据采集过程中,我们不可能用测量工具去精确地测量,通常利用目测获得粗略数据即可;对于未设置防撞护栏且临近路侧下方有湖泊、河流、水库等较大水体或铁路线的路段,可令 $X_{10} = 15$。

9.2.4 变量权重的确定

评价方法中各变量的权重由层次分析法确定。在权重确定的过程中,首先设计调查问卷,构造各层次指标的比较矩阵,以一种更易理解、更易操作的方式来获取专家知识,再计算判断矩阵的特征根,最大特征根对应的正规化特征向量的分量即为变量的权值,具体计算过程从略。表 9-1 是根据专家经验并结合层次分析法得到的各变量权重。

路侧安全等级评估指标变量权重表 表9-1

X_j	层次单排序				层次总排序
	线形	交通量	施工强度	路侧状况	
	0.1982	0.1039	0.2837	0.4142	
平曲线变量X_1	0.5				0.0889
纵坡变量X_2	0.5				0.0889
小时交通量X_3		0.2857			0.0297
大型车比重X_4		0.7143			0.0742
施工时长X_5			0.3292		0.0997
施工长度X_6			0.2171		0.0825
封闭车道宽度X_7			0.4537		0.1543
路侧净区状况X_8				0.4023	0.1671
边坡坡度X_9				0.2299	0.0721
路侧深度X_{10}				0.3678	0.1426
求和	1	1	1	1	1

灰色聚类评价中的白化权函数的构造如下：

（1）对于路侧安全等级为1级的情况，用下限白化权函数，函数图像见图9-1，计算公式见式(9-5)。

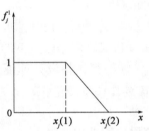

图9-1 路侧安全等级为1级的下限白化权函数图像

$$f_j^1(x) = \begin{cases} 0 & x > x_j(2) \\ \dfrac{x_j(2) - x}{x_j(2) - x_j(1)} & x \in [x_j(1), x_j(2)] \\ 1 & x < x_j(1) \end{cases} \quad (9-5)$$

（2）对于路侧安全等级为2级的情况，用适中测度的白化权函数，函数图像见图9-2，计算公式见式(9-6)。

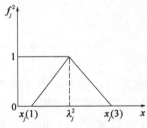

图9-2 路侧安全等级为2级的适中测度的白化权函数图像

$$f_j^2(x)=\begin{cases}0 & x\notin[x_j(1),x_j(3)]\\ \dfrac{x-x_j(1)}{\lambda_j^2-x_j(1)} & x\in[x_j(1),\lambda_j^2]\\ \dfrac{x_j(3)-x}{x_j(3)-\lambda_j^2} & x\in(\lambda_j^2,x_j(3)]\end{cases} \qquad (9\text{-}6)$$

(3)对于路侧安全等级为 3 级的情况,用适中测度的白化权函数,其函数图像见图 9-3,计算公式见式(9-7)。

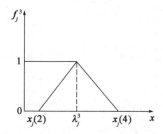

图 9-3 路侧安全等级为 3 级的适中测度的白化权函数图像

$$f_j^3(x)=\begin{cases}0 & x\notin[x_j(2),x_j(4)]\\ \dfrac{x-x_j(2)}{\lambda_j^3-x_j(2)} & x\in[x_j(2),\lambda_j^3]\\ \dfrac{x_j(4)-x}{x_j(4)-\lambda_j^3} & x\in(\lambda_j^3,x_j(4)]\end{cases} \qquad (9\text{-}7)$$

(4)对于路侧安全等级为 4 级的情况,用适中测度的白化权函数,函数图像见图 9-4,计算公式见式(9-8)。

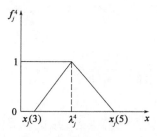

图 9-4 路侧安全等级为 4 级的适中测度的白化权函数图像

$$f_j^4(x)=\begin{cases}0 & x\notin[x_j(3),x_j(5)]\\ \dfrac{x-x_j(3)}{\lambda_j^4-x_j(3)} & x\in[x_j(3),\lambda_j^4]\\ \dfrac{x_j(5)-x}{x_j(5)-\lambda_j^4} & x\in(\lambda_j^4,x_j(5)]\end{cases} \qquad (9\text{-}8)$$

(5)对于路侧安全等级为 5 级的情况,用适中测度的白化权函数,其函数图像见图 9-5,计算公式见式(9-9)。

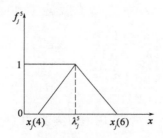

图9-5 路侧安全等级为5级的适中测度的白化权函数图像

$$f_j^5(x) = \begin{cases} 0 & x \notin [x_j(4), x_j(6)] \\ \dfrac{x - x_j(4)}{\lambda_j^5 - x_j(4)} & x \in [x_j(4), \lambda_j^5] \\ \dfrac{x_j(6) - x}{x_j(6) - \lambda_j^5} & x \in (\lambda_j^5, x_j(6)] \end{cases} \quad (9\text{-}9)$$

（6）对于路侧安全等级为6级的情况，用下限白化权函数，其函数图像见图9-6，计算公式见式(9-10)。

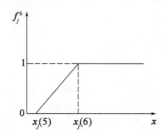

图9-6 路侧安全等级为6级的下限白化权函数图像

$$f_j^6(x) = \begin{cases} 0 & x < x_j(5) \\ \dfrac{x_j(6) - x}{x_j(6) - x_j(5)} & x \in [x_j(5), x_j(6)] \\ 1 & x > x_j(6) \end{cases} \quad (9\text{-}10)$$

式中：$x_j(i)$——第j项指标属于路侧安全等级为i级的临界值，$i = 1, 2, \cdots, 6$。

λ_j^i——第j项指标属于路侧安全等级为i级的白化值。

表9-2给出的是建立白化权函数时每个函数转折点的值，确定了白化权函数的形式和转折点数值后，白化权函数的数值表达式也随之确定，便可用于灰色聚类评估具体的计算过程中。

给定的各个指标的等级值　　　　　　　　　　　　　表9-2

变量	A_1	A_2	A_3	A_4	A_5	A_6
平曲线变量X_1	15	25	40	60	80	100
纵坡变量X_2	1	2	3	5	6	7
小时交通量X_3	500	900	1300	1600	1900	2200

续上表

变量	A_1	A_2	A_3	A_4	A_5	A_6
大型车比重X_4	0.2	0.3	0.4	0.6	0.7	0.8
施工时长X_5	0	0.5	4	8	24	240
施工长度X_6	0	0.2	1	2	4	8
封闭车道宽度X_7	0	2	3	3.75	6.75	10.5
路侧净区状况X_8	0.1	0.2	0.35	0.5	0.65	0.8
边坡坡度X_9	0.25	0.33	0.5	0.67	1	2
路侧深度X_{10}	1	2	3	5	7	10

9.2.5 评估方法应用

路侧安全等级评估可按如下步骤进行：

(1) 收集线形、交通量、施工作业强度和路侧特征数据。

(2) 将被评价路段划分成 n 个评价路段单元。

(3) 计算第 i 个评价路段单元的变量值 $X_j, j = 1, 2, \cdots, 10$。

(4) 计算第 i 个评价路段单元的 4 个级别白化权函数值 $f_j^k(X_{ij}), k = 1, 2, 3, \cdots, 6$。

(5) 计算第 i 个评价路段单元的灰色聚类系数 $\sigma_i^k, \sigma_i^k = \sum f_j^k(X_{ij}) \times \eta_j, \eta_j$ 为权重, $j = 1, 2, \cdots, 10$。

(6) 确定第 i 个评价路段单元的路侧安全等级，若 $\sigma_i^k = \max\{\sigma_i^k\}$，则路段 i 的路侧安全等级为 k^*。

(7) 重复步骤(3)~(6)，直至确定所有待评价路段单元的路侧安全等级。

9.3 典型工况路侧安全等级分析

统一在相对理想的道路、交通条件下，如大半径圆曲线、低纵坡、低交通量，应用 9.2 节方法对典型工况路侧安全等级进行分析。

(1) 封闭内侧车道短期施工路段的路侧安全等级评估案例计算结果见表 9-3。

封闭内侧车道短期施工路段的路侧安全等级评估案例计算结果汇总表　表 9-3

序号	指标变量	权重η	指标取值	f_1	$f_1 \times \eta$	f_2	$f_2 \times \eta$	f_3	$f_3 \times \eta$	f_4	$f_4 \times \eta$	f_5	$f_5 \times \eta$	f_6	$f_6 \times \eta$
1	X_1	0.0789	1	0.8889	0.0701	0.2222	0.0175								
2	X_2	0.0789	1.5	0.5000	0.0395	0.5000	0.0395								
3	X_3	0.0437	1000			0.7500	0.0328	0.2857	0.0125						
4	X_4	0.0702	0.35			0.5000	0.0351	0.3333	0.0234						
5	X_5	0.1197	5			0.8000	0.0958	0.5000	0.0599						
6	X_6	0.0925	0.5			1.0000	0.0925	0.3333	0.0308						
7	X_7	0.1543	3			0.4000	0.0617	0.3636	0.0561						
8	X_8	0.1671	0.25					0.6667	0.1114	0.3333	0.0557				

续上表

序号	指标变量	权重 η	指标取值	f_1	$f_1\times\eta$	f_2	$f_2\times\eta$	f_3	$f_3\times\eta$	f_4	$f_4\times\eta$	f_5	$f_5\times\eta$	f_6	$f_6\times\eta$
9	X_9	0.0721	0.2	1	0.0721										
10	X_{10}	0.1226	0.5	1	0.1226										
求和		1	—	—	0.3043	—	0.3748	—	0.2941	—	0.0557	—	0	—	0

$\sigma_i^k = \max\{\sigma_i^k\} = \max\{0.3043, 0.3748, 0.2941, 0.0557, 0, 0\} = 0.3748$,可知该路段路侧安全等级为2级。

（2）封闭内侧车道长期施工路段的路侧安全等级评估案例计算结果见表9-4。

封闭内侧车道长期施工路段的路侧安全等级评估案例计算结果汇总表　　　表9-4

序号	指标变量	权重 η	指标取值	f_1	$f_1\times\eta$	f_2	$f_2\times\eta$	f_3	$f_3\times\eta$	f_4	$f_4\times\eta$	f_5	$f_5\times\eta$	f_6	$f_6\times\eta$
1	X_1	0.0789	1	0.8889	0.0701	0.2222	0.0175								
2	X_2	0.0789	1.5	0.5000	0.0395	0.5000	0.0395								
3	X_3	0.0437	1000			0.7500	0.0328	0.2857	0.0125						
4	X_4	0.0702	0.35			0.5000	0.0351	0.3333	0.0234						
5	X_5	0.1197	18					0.6000	0.0718	0.0862	0.0103				
6	X_6	0.0925	0.5			1.0000	0.0925	0.3333	0.0308						
7	X_7	0.1543	3			0.4000	0.0617	0.3636	0.0561						
8	X_8	0.1671	0.4					0.6667	0.1114	0.3333	0.0557				
9	X_9	0.0721	0.2	1.0000	0.0721										
10	X_{10}	0.1226	0.5	1.0000	0.1226										
求和		1	—	—	0.3043	—	0.2791	—	0.3060	—	0.0660	—	0	—	0

$\sigma_i^k = \max\{\sigma_i^k\} = \max\{0.3043, 0.2791, 0.3060, 0.0660, 0, 0\} = 0.3060$,可知该路段路侧安全等级为3级。

（3）交通转换段的路侧安全等级评估案例计算结果见表9-5。

交通转换段的路侧安全等级评估案例计算结果汇总表　　　表9-5

序号	指标变量	权重 η	指标取值	f_1	$f_1\times\eta$	f_2	$f_2\times\eta$	f_3	$f_3\times\eta$	f_4	$f_4\times\eta$	f_5	$f_5\times\eta$	f_6	$f_6\times\eta$
1	X_1	0.0789	5							0.9153	0.0722				
2	X_2	0.0789	1.5	0.5	0.0395	0.5000	0.0395								
3	X_3	0.0437	1000			0.7500	0.0328	0.2857	0.0125						
4	X_4	0.0702	0.35			0.5000	0.0351	0.3333	0.0234						
5	X_5	0.1197	864											1.0000	0.1197
6	X_6	0.0925	0.25			0.5000	0.0463	0.0556	0.0051						
7	X_7	0.1543	9							0.4444	0.0686	0.4444	0.0686		

续上表

序号	指标变量	权重 η	指标取值	f_1	$f_1 \times \eta$	f_2	$f_2 \times \eta$	f_3	$f_3 \times \eta$	f_4	$f_4 \times \eta$	f_5	$f_5 \times \eta$	f_6	$f_6 \times \eta$
8	X_8	0.1671	0.55							0.6667	0.1114	0.3333	0.0557		
9	X_9	0.0721	0.2	1	0.0721										
10	X_{10}	0.1226	0.5	1	0.1226										
求和		1	—		0.2342	—	0.1536	—	0.0410	—	0.2522	—	0.1243	—	0.1197

$\sigma_i^k = \max\{\sigma_i^k\} = \max\{0.2342, 0.1536, 0.0410, 0.2522, 0.1243, 0.1197\} = 0.2522$,可知该路段路侧安全等级为 4 级。

(4) 单幅双向通行路段的路侧安全等级评估案例计算结果见表 9-6。

单幅双向通行路段的路侧安全等级评估案例计算结果汇总表　　表 9-6

序号	指标变量	权重 η	指标取值	f_1	$f_1 \times \eta$	f_2	$f_2 \times \eta$	f_3	$f_3 \times \eta$	f_4	$f_4 \times \eta$	f_5	$f_5 \times \eta$	f_6	$f_6 \times \eta$
1	X_1	0.0789	1	0.8889	0.0701	0.2222	0.0175								
2	X_2	0.0789	1.5	0.5000	0.0395	0.5000	0.0395								
3	X_3	0.0437	1000			0.7500	0.0328	0.2857	0.0125						
4	X_4	0.0702	0.35			0.7500	0.0527	0.2857	0.0201						
5	X_5	0.1197	864											1.0000	0.1197
6	X_6	0.0925	5							1.0000	0.0925				
7	X_7	0.1543	11									0.9630	0.1486	0.8267	0.1276
8	X_8	0.1671	0.7									0.6667	0.1114	0.6067	0.1014
9	X_9	0.0721	0.2	1.0000	0.0721										
10	X_{10}	0.1226	0.5	1.0000	0.1226										
求和		1	—	—	0.3043	—	0.1424	—	0.0325	—	0	—	0.3525	—	0.3486

$\sigma_i^k = \max\{\sigma_i^k\} = \max\{0.3043, 0.1424, 0.0325, 0, 0.3525, 0.3486\} = 0.3525$,可知该路段路侧安全等级为 5 级。

(5) 在典型改扩建作业区工况、保通设计速度、路侧条件等情况下,易知路侧安全等级为 6 级。

9.4　典型工况临时防护设施选择

临时防护设施选择标准见表 9-7。

由于基于灰色聚类理论的路侧安全等级评价方法尚有诸多因素未考虑,如标志标线、视线诱导设施、气候环境等,因此,在进行路侧安全等级评价时,可根据实际情况,对评价结果和防护类型进行适当调整。

临时防护设施选择标准　　　　　　　　　　　　　　　表9-7

路侧安全等级	隔离防护设施类型	典型改扩建作业区工况	保通设计速度（km/h）	路侧条件
1	交通锥	短时改扩建作业	80、60	一般路基段的车道渠化
2	塑料隔离墩	中期改扩建作业	80、60	一般路基段的车道渠化
3	连续互锁的混凝土隔离墩	长期改扩建作业	80、60	通行区路侧与工作区垂直落差 $h<2m$ 路段
4	二(B)级临时护栏	长期改扩建作业	80、60	通行区路侧与工作区垂直落差 $2m \leqslant h<3m$ 路段
5	三(A)级临时护栏	长期改扩建作业	80、60	通行区路侧与工作区垂直落差 $h \geqslant 3m$ 路段
6	三(A)级及以上临时护栏	长期改扩建作业	80、60	主线拼宽桥梁

9.5　临时防护设施关键参数确定

1)交通锥

(1)形状。

交通锥的底座为大于四边形而小于八边形的正多边形或圆形。交通锥至少有一条反光面,且每条反光面的最小宽度为8cm,反光面顶部距交通锥顶部10cm。

(2)颜色。

交通锥锥体的内部、外部均宜为红色,反光面为白色。交通锥的普通材料色和反光面的逆反射材料色,依据《安全色》(GB 2893—2008)的要求,其色品坐标和亮度因数应符合表9-8的要求。

色品坐标和亮度因数　　　　　　　　　　　　　　　表9-8

颜色		色品坐标:光源为标准照明体 D_{65},观测条件为45/0							亮度因数
		1		2		3		4	
		x	y	x	y	x	y	x	y	
普通材料色	红色	0.690	0.310	0.595	0.315	0.569	0.341	0.655	0.345	≥0.07
逆反射材料色	白色	0.350	0.360	0.300	0.310	0.290	0.320	0.340	0.370	≥0.27

(3)间距。

依据《公路养护安全作业规程》(JTG H30—2015),交通锥可布设在上游过渡段、缓冲区、工作区和下游过渡区。布设间隔不宜大于10m,其中上游过渡区和工作区布设间距不宜大于4m。

根据高速公路改扩建现场调查,存在车辆跨越交通锥,在施工车道通行的情况。因此,在具有通行条件的施工区域,交通锥间隔不宜大于3m或采用连杆连接。

(4)反光系数。

交通锥上白色反光部分的逆反射系数值不应低于《道路交通反光膜》(GB/T 18833—2012)规定的Ⅲ类。当部分交通锥反光性能达不到要求时,宜结合达标的交通锥交替间隔布设,实际观测效果见图9-7。

图9-7 交通锥布设

2)注水隔离墩

注水隔离墩,又称"水马",外部通常采用高强度工程塑料,具有强度高、耐腐蚀、耐高温等优点,安置时向内部注入水即可作为防撞安全设施使用,回收或者移动时只要排出水即可,操作相对容易、简单,不会占用太多时间。当车辆碰撞注水隔离墩时,产生的是弹性碰撞,外部工程塑料与内部的水均吸收一部分冲击能量,可以降低碰撞对车辆和人造成的伤害。注水隔离墩颜色明亮,在夜间具有一定的警示效果,在照明不良路段,可在其上安装警告灯,加强夜间对驾驶员的警告、诱导作用。部分注水隔离墩还有横向的通孔以便通过杆件连接以形成更长的阻挡链或阻挡墙。

注水隔离墩最大的缺点在于被车辆碰撞后容易发生较大变形,易造成内部的水泄漏,在温度较低时如不及时清理,洒在车道路面上的水就会结冰,对行车安全相当不利。因此,在采用注水隔离墩分隔交通流时,必须综合考虑安置和回收的耗费时间、可占用的宽度、碰撞影响条件和可能的天气状况等。

注水隔离墩的颜色应为橙色或红色,高度不得小于40cm。使用前应灌水,灌水量不应小于其内部容积的90%。在冰冻季节,可采用灌砂的方法,灌砂量不应小于其内部容积的90%。

3)混凝土隔离墩

混凝土隔离墩作为刚性材料,对防止车辆越出路外的效果较好。可以一定形状的混凝土块相互连接组成墙式结构,利用专门设计的断面使失控车辆碰撞其后爬高并转向,吸收碰撞能量。然而混凝土隔离墩存在夜间视认性不足的问题。对此,结合国内外相关调研,建议混凝土隔离墩采取涂装或增设反光膜的形式,如图9-8和图9-9所示。

路上实测表明,实测运行车速高于限速值时,应考虑增加视线诱导设施。

结合实际情况,建议在单位长度为2m的混凝土隔离墩外立面上布设长1m、宽0.30m、下边缘距离地面0.45m的反光膜,其逆反射系数值不应低于《道路交通反光膜》(GB/T 18833—2012)规定的Ⅲ类。如图9-10所示。

图 9-8　混凝土隔离墩涂装

图 9-9　混凝土隔离墩增设反光膜

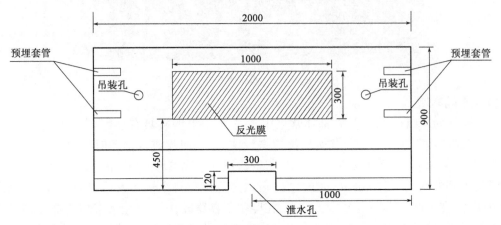
图 9-10　反光膜布设(尺寸单位：mm)

第10章　施工区夜间交通安全保障研究

10.1　研究背景及意义

目前大多数高速公路在进行改扩建时不封闭交通,车辆通行和改扩建施工同时进行,而夜间行驶车辆较少,夜间施工对交通影响相对较小,不会产生交通拥堵,施工设备和材料容易运输,同时可以降低能源消耗,减少环境污染,许多工程选择在夜间施工。由于夜间行驶车辆较少,给驾驶员提供更好的机动性,通行车辆会以较高速度行驶,但是夜间光照强度不足,能见度和辨识度较低,驾驶员感知信息的难度较大,获得相关信息不足,加之受到车道宽度变窄、车道转换等施工环境以及大型车比例较高等交通环境的影响,驾驶员容易产生疲劳,极易造成严重的交通事故。根据美国高速公路合作研究组织的报告 627——《白天和夜间施工区交通安全评价》(*Traffic Safety Evaluation of Nighttime and Daytime Work Zones*)所提供的2000—2005年纽约州高速公路施工区内的交通事故和施工事故统计(表10-1),可以看出施工作业区夜间发生死亡事故的比例要比白天高(表10-2)。

2000—2005年纽约州高速公路施工区内的交通事故和施工事故统计　　　表10-1

阶　　段	施　工　内　容		
	路基、桥涵等	互通立交	上跨桥
路基施工初期	路基、涵洞、通道加宽及桥梁下部结构	单幅施工、单幅通车或封闭施工但间隔施工	跨线桥(含人行天桥)的拆除改造
路基施工末期	路基上部搭接		
	桥梁上部结构拼接		
路面施工期	主线路面铺装		
	旧涵、通道改造和桥面铺装		
主体工程后期	交通工程及沿线设施完善、景观绿化、服务区建设等	—	—

事故伤害情况统计　　　表10-2

事故伤害情况	昼间事故($n=1762$)	夜间事故($n=304$)
致死事故(%)	1.4	3.3
受伤事故(%)	36.2	43.4
仅有财产损失的事故(%)	62.2	53.3

在进行高速公路改扩建施工时,高速公路不能发挥全部通行功能,需要在相关路段设置临时交通控制区,并设置相应的临时交通安全设施,以保证施工过程中施工人员、施工设备、施工工程及通行车辆的安全性和车辆通行的畅通性,在改扩建工程项目完成后,必须拆除相关的临

时交通安全设施,保证交通流的畅通。

目前,美国以及欧洲等许多发达国家通过收集、分析近几十年的施工作业区事故,总结近几十年在高速公路建设和养护管理中积累的经验,建立了较为完善、严谨和实用的夜间施工作业区管理体系并应用到实践中,并且制定了关于施工作业区夜间临时交通安全设施的专门指导手册。近十年来,这些发达国家在夜间施工作业区发生的事故数已呈下降趋势。而我国对于高速公路改扩建施工作业区夜间交通安全方面的研究相对于发达国家起步较晚,目前仍处于摸索阶段,虽然有《公路养护安全作业规程》(JTG H30—2015)、《道路交通标志和标线 第4部分:作业区》(GB 5768.4—2017)等规范,但对改扩建工程夜间临时交通安全设施的设置缺乏较为完整、合理的技术指导文件,会给施工过程中的人员安全和通行车辆安全带来事故隐患,影响交通流畅通等。因此,在高速公路改扩建夜间施工过程中,根据高速公路施工作业区的夜间交通特性设置临时交通安全设施,对降低施工作业区夜间交通事故率,确保整个施工过程中施工作业区交通安全和车辆安全具有重要的意义。

10.2 驾驶员夜间特性

车辆在夜间穿越施工作业区时,驾驶员主要通过视觉器官获得道路上各种外界环境信息,由神经将这些信息传输到驾驶员的大脑,经大脑思考判断后再由神经向手、脚等器官传递动作指令来调整车辆行驶方向、速度等,当车辆行驶状态改变后,驾驶员所获取的信息也不断改变,通过上述过程的不断循环形成车辆夜间通过施工作业区的整个驾驶过程。另外,在整个驾驶过程中,驾驶员根据外界环境信息调整自身的状态来适应新的外界环境变化,确保车辆能平稳、顺利地通过施工作业区。车、路、人以及交通环境这四部分与交通安全都有着直接关系,而作为交通安全主体的机动车驾驶员对夜间车辆穿越施工作业区整个驾驶过程的安全性起着重要的作用。因此,研究夜间穿越施工作业区机动车驾驶员特性能够为施工作业区夜间临时交通安全设施的设置提供理论依据,具有重要意义。

10.2.1 夜间视觉特性

在驾驶过程中,驾驶员可以通过自身的感觉器官从外界感知各种形式的信息,而80%以上的信息是由视觉器官获得的,可以说视觉是驾驶员接受信息的重要渠道,对交通安全起着至关重要的作用。夜间行车时,如果受到光线较暗、照明不良、眩光等因素的影响,驾驶员的视觉机能会降低,发生交通事故的概率会增大。

1)视觉器官的生理学特征

视觉是由光线刺激、眼睛、视神经和视觉中枢共同作用形成的,其形成机理是:由物体表面发出或反射的光线进入眼球,首先被角膜折射,然后通过瞳孔(由虹膜控制其大小)折射到晶状体,再由晶状体进一步折射,晶状体使光线发生翻转,并将图像汇聚到视网膜形成物象,物象部位的感受细胞吸收光能而发生化学反应,产生一系列的电脉冲信息,再由视神经传导视觉信息至大脑视觉中枢后形成视觉。眼睛作为视觉形成的主要部分,其主要结构如图 10-1 所示。

在眼球正中线上的折光系统是与视觉相关的重要部分,角膜、虹膜、晶状体、房水、玻璃体等器官是折光系统的主要组成部分,其功能是使光线发生折射,将物体的图像汇聚在视网膜上形成物象。

第10章 施工区夜间交通安全保障研究

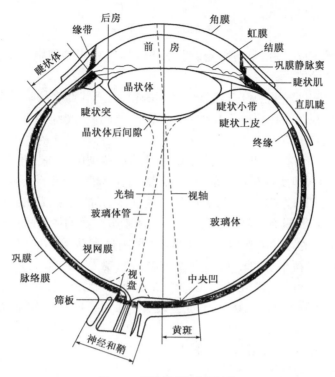

图 10-1 视觉器官的主要结构

与视觉相关的另一个重要部分是位于眼球后部的视网膜,视网膜中包含 600 万~800 万个视锥细胞和超过 1 亿个视杆细胞,它们以镶嵌的形式不均匀地分布在视网膜中,在视网膜中心的中央凹处几乎只有紧密排列的视锥细胞,这一区域有很高的空间分辨能力,还有良好的色觉,对于视觉最为重要;中央凹以外区域,两种细胞兼有,离中央凹越远,视杆细胞越多,视锥细胞则越少,有研究表明,距中央凹 10°~25°的地方视杆细胞较密集。这两种细胞的工作特性是造成明暗视觉差别的主要原因。根据视觉二元理论,在明视觉环境亮度下(亮度大于 $10 cd/m^2$),主要由分布在视网膜中央的视锥细胞起作用,它能提供色觉以及精细视觉;在暗视觉环境亮度下(亮度小于 $10^{-3} cd/m^2$),主要分布在视网膜边缘的视杆细胞有较高的光敏度,但不能分辨颜色和物体的细节,并且对运动相当敏感,即在这种情况下,人眼看到的东西都是银灰色的。另外,视锥细胞和视杆细胞对可见光的灵敏度也不相同,图 10-2 为国际照明委员会(CIE)推荐的明视觉和暗视觉条件下光谱光效率曲线。从图 10-2 可以看出,明视觉峰值下的波长在 555nm 处,即视锥细胞的最大灵敏度在光谱黄绿区间的 555nm 处;在暗视觉条件下,人眼对于波长为 507nm 的蓝绿光最为敏感,即视杆细胞的最大灵敏度在波长 507nm 处。

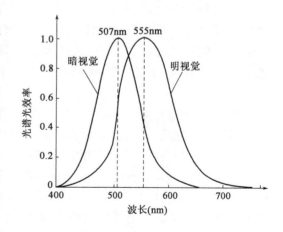

图 10-2 视锥细胞、视杆细胞对光敏感度曲线

2）驾驶员夜间视觉特性

（1）夜视力。

视力也叫视觉敏感度，是指眼睛所能识别细小或遥远物体的细微程度，因此，夜视力就是眼睛在夜间分辨物体的能力。

国内外许多研究表明光线照度对夜视力的影响很大，光线照度的降低会造成夜视力下降，同时会缩短驾驶员的视距。在照度为 0.1～1000lx 的范围内，光线照度与夜视力几乎呈线性关系。根据日本宫坡在国道 18 号线丹波岛桥对日落前后照度变化的调查可知：日落前的照度可以达到 1000lx 以上，日落半小时后的照度仅为日落前照度的 10%，再过半小时后的照度尚不足日落前照度的 1%，即使将车灯全部打开，照度仍不会超过日落前照度的 1%，此时驾驶员的视力较日落前降低 50% 左右，而在没有照明的地方，驾驶员的夜视力仅为白天视力的 3%～5%。由于夜间光线较暗，只有视杆细胞工作，不能清晰分辨出物体的颜色和细节，即使打开汽车的前照灯，也只能产生与自然光相同的照度，各种物体和背景不能形成明显的对比，会使驾驶员对物体的视认度降低，因此，夜间驾驶员容易忽视周围的车辆和行人。另外，有实验表明，驾驶员的动视力会随车辆行驶速度的增加而下降，因此，夜间车辆行驶速度较高时，驾驶员的夜视力会受到影响，视认距离也会缩短，驾驶员的感知和观察能力会受到不利影响。

车辆在夜间行驶时，还应注意以下几种关系：

①驾驶员夜间视力与物体大小、高度的关系。

当白天光线充足时，驾驶员即便在远处也可以辨认出大的物体。但在夜间，由于汽车前照灯的照度与距离成反比例关系，即汽车前照灯所照的距离越近，照度越高，因此，驾驶员在远处无法辨认出大的物体。

一般情况下，汽车前照灯安装在离地面较近的车头位置处，并且光束照射位置的偏移值有限制。车辆在会车时必须使用近光灯照明，由于近光灯照射出的光束更低，驾驶员倾向于将注意力集中在路面上，这样更容易清晰辨认出低位置物体的存在。因此，在顺着车辆前进方向的道路两侧设置白色的对象物，更有助于夜间行车时吸引驾驶员的注意力。

②夜间驾驶员对颜色的视认。

色觉是视觉的基本机能之一，人眼主要依靠分布在视网膜中央部分的视锥细胞来分辨物体的颜色。在夜间光线不足的条件下，仅有视杆细胞工作，视锥细胞不工作，因此，车辆在夜间行驶时，驾驶员对物体颜色的辨识存在困难。有学者通过实验发现，不同颜色的物体不仅会对驾驶员的视觉和心理产生影响，而且会造成驾驶员对距离感知的差异。

表 10-3 所列为夜间在车灯照明条件下，驾驶员能发现不同颜色中等大小物体的距离以及能确认物体的距离。从表 10-3 可以看出，驾驶员在夜间发现白色物体的距离最远，而驾驶员只有在近处才能发现黑色物体并确定其移动方向。另外，有学者经实验研究后发现，车辆在夜间行驶时，如果使用近光灯照明，驾驶员最容易辨识出白色和黄色的物体，其次是红色和绿色的物体，蓝色的物体最不易被驾驶员辨识；如果使用远光灯照明，驾驶员最容易辨识出白色、黄色和红色的物体，其次是绿色的物体，蓝色的物体仍然最不易被驾驶员辨识。

物体的颜色与视认距离　　　　　　　　　　　表10-3

物体的颜色	白	黑	乳白	红	灰	绿
能发现某种颜色的距离(m)	83	43	76.6	67.8	66.3	67.6
能确认某种物体的距离(m)	43	19	32.1	47.2	36.4	36.4
能肯定其移动方向的距离(m)	19	9.6	13.2	24.0	17.0	17.8

高速公路进行改扩建施工时,临时交通安全设施颜色的选用对夜间施工作业区的安全性起着至关重要的作用,白色、红色、橙色能在夜间向驾驶员提供较强的视觉刺激,继而向驾驶员提供清晰的行驶路线。因此,临时交通安全设施自身的颜色、反光膜的颜色、交通安全服的颜色采用白色、红色、橙色有助于提高其在夜间的视认性,可以降低夜间施工作业区的事故发生率。

③驾驶员夜间视力与物体对比度的关系。

当目标物体的照度、色彩与背景的照度、色彩具有较大差别时,目标物体会在背景中清晰可见。有学者通过设置对比度分别为88%和35%的两个物体,研究不同光线条件下物体对比度对驾驶员视力的影响关系后发现,在白天光线充足的条件下,驾驶员发现对比度小的物体的视认距离相比发现对比度大的物体的视认距离减小47%;在夜间车辆打开远光灯的条件下,驾驶员发现对比度小的物体的视认距离相比发现对比度大的物体的视认距离减小25%;而在夜间车辆打开近光灯时,驾驶员发现对比度小的物体的视认距离相比发现对比度大的物体的视认距离减小20%。因此,在夜间,目标物体与背景的对比度也是影响交通安全的一个重要因素。

表10-4是利用对比度分别为88%和35%的蓝道环视标进行夜间视力实验的一组数据。实验时,车辆在夜间行驶时打开远光灯或近光灯进行照明,当驾驶员发现蓝道环视标时的距离为认知距离,能确认缺口方向时的距离为视认距离。

不同对比度下的认知距离和视认距离　　　　　　表10-4

光　源	距离视标	对比度为88%的视标	对比度为35%的视标
远光灯	认知距离 A	74.4m	20.3m
	视认距离 B	65.5m	17.0m
	A—B	8.9m	3.3m
近光灯	认知距离 A	43.3m	9.7m
	视认距离 B	25.5m	8.0m
	A—B	17.8m	1.7m

从上述实验结果可以看出,当物体与背景的对比度较大时,认知距离、视认距离以及认知距离与视认距离之差均较大,也就是说,对比度大的物体相比对比度小的物体更容易确认,并且驾驶员有更充裕的时间去思考、判断,来应对各种事变,这样有利于行车安全。因此,高速公路改扩建工程夜间临时交通安全设施颜色的设置应考虑其在夜间的对比度,保证通行车辆的驾驶员能及时辨识。

(2)视野。

除了夜视力外,驾驶员的视野也是影响夜间行车安全的一个重要因素。静视野是指在人的头部和眼球固定不动的情况下时,眼睛观看正前方物体时所能看到的空间范围。有实验表明,驾驶员双眼静视野是由水平方向160°~180°(两眼内侧视野重合约60°,外侧各90°),垂直方向100°~130°(视平线上方约60°,下方约70°)组成的锥形体范围。动视野指的是在仅将头部固定而眼球可以转动的情况下,眼睛观看正前方物体时所能看到的空间范围,动视野比静视野左右约宽15°,上方约宽10°,下方基本不变。车辆在夜间行驶时,驾驶员的夜视力较弱,加之车辆灯光照射范围有限,驾驶员的水平方向视野一般会保持在40°左右,而中心有效视野仅为20°左右,垂直方向视野约为5°。

驾驶员的视野范围会随着车辆行驶速度的变化而改变,表10-5为车速与驾驶员水平方向视野范围之间的关系。如果车辆行驶速度增大,驾驶员的注意点会向前移动,视野范围会变窄,驾驶员视觉器官获取的外界信息会减少。夜间驾驶员的视力较弱,视野范围较窄,如果车辆行驶速度过高,在视网膜上就不会形成清晰的影像,驾驶员无法准确感知周围的信息,容易导致交通事故的发生。

车速与驾驶员水平方向视野范围关系表　　　表10-5

速度(km/h)	40	60	70	80	100
视野范围(°)	100	75	65	60	40

(3)视觉适应。

视觉适应是在环境的亮度、光谱分布等发生变化对视觉系统造成刺激的情况下,视觉系统经过一段时间做出相应调整来适应这些变化的过程,根据环境的亮度变化可以分为明适应和暗适应。由暗处到达亮处时,视力需要恢复,眼睛对光的敏感度逐步提高,这种特性就是眼睛的明适应,明适应过程从本质上来说是从以视杆细胞为主的活动逐渐转换为以视锥细胞为主的活动的过程,明适应过程较短,一般只要3s~1min(图10-3)。由亮处到达暗处时,视力逐渐恢复的过程就是暗适应过程,暗适应过程从本质上来说是从以视锥细胞为主的活动转换为以视杆细胞为主的活动的过程,比明适应所需的时间要长,一般要5~15min,完全适应要30min。另外,视觉适应所需的时间长短与亮度差有很大关系,适应的亮度差越大,则需要适应的时间就越长。

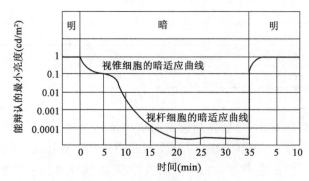

图10-3 人眼的适应过程曲线图

夜间行车通常会碰到明暗变化不均匀的情况,由于驾驶员的眼睛不能很快适应这种明暗变化,对光的敏感性降低,就会造成视力短暂下降,如果这种情况经常发生,驾驶员会产生视觉疲劳,从而导致感知功能降低,无法集中注意力,容易造成交通事故。为了减少这种交通事故的发生,必须确保照明亮度缓慢、均匀变化,减少明暗变化引起的落差,使驾驶员的眼睛可以较快适应环境亮度的变化。

(4)眩光。

眩光主要是指视野范围内存在不合适的亮度分布、亮度范围,或在空间、时间上存在极端的亮度对比,导致驾驶员视觉不舒适或者降低物体可见度的视觉条件。驾驶员受到眩光源的影响产生眩光,视力会下降,导致无法准确获取周围交通信息以及道路环境信息等,容易发生事故,可以说眩光是道路视觉危害的重要部分。有实验表明,一般情况下,眩光可使视力下降25%,而恢复视力的时间约需3s;驾驶员感到眩光的距离为75~125m。与眩光有关的因素主要有光源及光源周围的发光强度、光源外观的大小、光源与驾驶员的距离、驾驶员视野内光束发散度的分布、对驾驶员眼睛的照度以及驾驶员眼睛的适应性等。

夜间容易使驾驶员产生眩光的眩光源主要有车辆的前照灯、道路照明、广告牌、标志的定向照明等。夜间由对向车辆的前照灯发出的刺眼光束使驾驶员产生的眩光主要是间断性眩光,这种眩光会降低驾驶员视觉感受到的亮度、对比度,导致目标物体不易被驾驶员辨认,当驾驶员视力得到一定程度的恢复而发现目标物体后可能来不及采取相应的安全措施,易造成事故。在中央分隔带设置防眩板等防眩设施或者在汽车的前照灯上装设偏振玻璃等措施都可以减小对向车辆前照灯发出的光束对驾驶员的视觉伤害。一般由路侧照明不均匀变化而引起驾驶员眼睛不舒适的眩光是连续的,会在驾驶员的视网膜上呈现出一种感电状态,但这种眩光对驾驶员辨认物体的影响不大,主要会给驾驶员造成不舒服的感觉,这种眩光也称为心理眩光。

10.2.2 驾驶员注意力

车辆在行驶过程中,有些信息与驾驶任务相关,而有些信息与驾驶任务毫不相关,驾驶员需要排除与驾驶任务无关的外界信息,驾驶员的感觉器官集中指向与驾驶任务相关的外界信息的行为就是注意。车辆行驶时,驾驶员需要时刻注意道路上其他车辆行驶、道路交通标志和标线与其他交通安全设施以及天气与照明等外界环境,获取行车相关的各种信息,并采取正确的驾驶操作,使车辆安全行驶。如果驾驶员在行驶过程中将注意力分散在对交通活动影响不大的事物上,一旦遇到紧急情况,反应时间会增加,发生交通事故的概率会增大。有资料表明,由于驾驶员注意力不集中导致的交通事故占交通事故总数的14%~34%。

驾驶员的注意力分布范围比较广,但是通常会集中在一片小区域内,比如,在驾驶员的视野范围内,注意力呈扇形分布,每部分的注意量不大相同,驾驶员的注意力主要集中在视野范围内的道路上,通过训练和实践可以将驾驶员注意力的分布范围变得更加广泛。车辆在行驶过程中,驾驶员分配到每个目标事物上的注意力是不同的,当驾驶环境发生变化时,驾驶员会将注意力重新分配,集中注意力去获取新的信息,但是要保证重新分配后的注意力与外界环境和驾驶任务相协调。车辆在夜间穿越施工作业区时,驾驶员获取的信息非常有限,伴随着车辆分合流以及变换车道等复杂的交通流状态,驾驶压力相对较大,驾驶员如果注意力分散,会导致其心理状态变差。

驾驶员在驾驶过程中要具有良好的驾驶集中性,保持注意力倾注于获取和驾驶任务相关的信息上,不能因为受到外界干扰而离开目标事物。驾驶集中性与注意力的分配有着紧密联系,注意的目标事物越多,需要分配注意力的种类就越多,注意力越容易分散。驾驶员的注意力是经常发生变化的,如果驾驶员长时间对某个目标事物集中注意力会造成驾驶员注意力丧失灵活性,注意力的范围变窄,驾驶员获取的信息减少,容易导致交通事故的发生。有研究表明,在某个目标物体上集中注意力 15~20min 后,应适当转移一下注意力。

驾驶员的注意力是影响车辆在夜间顺利穿越施工作业区的一个重要因素,车辆在夜间穿越施工作业区时,对驾驶员的反应速度、判断的准确性以及操作的灵活性要求提高,驾驶员的中枢神经系统的紧张程度与注意力的集中程度也随之提高,消耗的脑力和体力也就增大,但大脑的兴奋难以维持在较高水平,很容易产生疲劳,驾驶时注意力的稳定性也会降低。因此,夜间应在施工作业区相关路段设置能够引起驾驶员警觉的临时交通安全设施,提高驾驶员在夜间穿越施工作业区时的注意力,保证交通安全。

10.2.3 驾驶员反应特性

驾驶员通过自身感觉器官获取外界环境信息,经神经传递到大脑分析判断后,再由神经传递动作指令的过程称为反应过程,所需的时间称为反应时间。驾驶员对于一种刺激做出一种反应动作的时间称为简单反应时间;驾驶员对于多种刺激做出一种以上反应动作的时间称为复杂反应时间。对驾驶员来说,在其感觉阈值范围内采用同一种刺激,如果刺激的强度较大,有利于缩短驾驶员的反应时间。驾驶员的反应时间与刺激物和背景之间的对比度有着密切联系,刺激物和背景之间的对比度越大,驾驶员的反应时间越短。车辆行驶的速度对驾驶员的反应时间影响也较大。如果车辆行驶速度较快,驾驶员的视野范围会比较窄,所获取的外界环境信息较少,驾驶员会处于一种紧张的状态,脉搏和眼球运动也较快,导致反应时间较长。另外,在车辆行驶过程中,驾驶员是否具有心理准备也是影响驾驶员反应时间长短的一个重要因素。如果驾驶员提前对将要面对的外界环境刺激有心理准备,当外界环境刺激出现时,驾驶员的反应时间较短,可以从容采取相应的措施。

高速公路改扩建施工期间,路段的车道数会减少,硬路肩可能被占用,而且存在着车辆分合流以及变换车道等复杂的交通流状态,驾驶员主要以复杂反应为主。车辆在夜间穿越高速公路改扩建施工作业区时,临时交通安全设施的设置会对驾驶员的反应产生较大影响。如果夜间施工作业区设置有足够醒目的诱导、警示、照明和隔离设施,能够引起通行车辆驾驶员的注意和警觉,缩短其反应时间,使其提前做好通过施工作业区的准备,在通过施工作业区路段时可以从容地操作车辆并平稳行驶,减少事故的发生。

10.2.4 驾驶员操作特性

驾驶员完成信息处理过程的最后一步是通过手、脚等器官操作车辆,调整车辆的行驶方向、速度等,操作不当容易造成交通事故的发生。驾驶员的操作特性主要包括用脚控制加速踏板或制动踏板以实现车辆的加速、减速以及用手控制方向盘。车辆在高速公路上行驶对驾驶员的操作要求很高,驾驶员应该经受过规范的训练、具有较强的安全意识,车辆行驶时,手、脚等器官应反应迅速、灵活、规范地操作车辆,保证车辆安全、平稳、舒适行驶。

夜间穿越施工作业区的难度比较高,对驾驶员的操作特性要求很高,当看到施工作业区警告标志、锥形交通标、防撞桶等临时交通安全设施时,驾驶员应脚踏制动踏板减速慢行,随时关注周围的车辆和前方路况,调整方向盘以尽快汇入车流。在车道狭窄或封闭的施工区内,驾驶员应注意脚踏制动踏板、手不断进行转向修正,控制车速,保证车辆安全行驶。

10.2.5 驾驶员心理特性

车辆行驶过程中,驾驶员的心理特性往往代表着驾驶员在驾驶时的兴奋程度与脑功能的活动水平,对驾驶员分析处理信息、及时做出正确反应有着较大的影响,并且与交通事故率以及事故的严重程度有着紧密的联系。不同驾驶员由于在个性特征、智力方面存在差异,在外界环境条件影响下的情绪变化也不尽相同,继而会对注意力、反应能力、操作等造成影响。根据驾驶员情绪产生的速度、强度和持续时间,可将其分为激情、应激和心境三种状态。

(1)激情是一种突然发生、强度较大、持续时间较短的情绪状态,如悲伤、恐惧、愉快等,一般与驾驶员近期经历的重要事件有联系。驾驶员处于激情状态时,感知范围会变窄,分析处理信息的能力大幅下降,自我约束能力显著降低,不能意识到自己的行为带来的后果。驾驶员在驾驶过程中应尽量控制激情情绪,可采用转移注意力等方式避免或延缓激情状态的产生。

(2)应激是出乎意料的紧急或者危险情况引起的高速并且高度紧张的情绪状态,精神紧张是应激状态下最直接的表现。车辆在行驶过程中如果遇到突发状况,比如,前方车辆突然停车、行人突然跑到车道上等,驾驶员在很短时间内做出的反应就是应激。驾驶员处于应激状态时,心跳加快、血压升高、肌肉紧度显著改变,驾驶员的注意力集中在某一区域,难以转移和分配,视野范围变窄,获取的信息减少,驾驶员容易采取不恰当的操作,导致事故的发生。

(3)心境是一种微弱而持久的情绪状态,对驾驶任务的影响时间较长。处于积极良好的心境状态时,驾驶员精力旺盛,反应迅速、操纵适当,可以正确处理行车过程中遇到的各种状况;处于消极的心境状态时,驾驶员萎靡不振,反应迟钝,不能将注意力集中在驾驶任务上,容易给行车安全带来隐患。

车辆在夜间穿越高速公路改扩建施工作业区时,由于受到施工路段道路环境、车辆分合流、车道转换等交通环境以及照明等外界环境的影响,驾驶员情绪会发生变化,心理紧张程度上升,身体会向前移动,视野范围会变窄,驾驶员获取的外界信息会减少,以致反应的速度和操作的准确性受到很大影响,容易造成交通事故的发生。

10.2.6 驾驶员夜间特性小结

首先从视觉器官的生理学特征开始介绍驾驶员夜间视觉特性;继而通过分析夜视力、视野、视觉适应和眩光对驾驶过程的影响,为夜间施工作业区临时交通安全设施颜色的选择、位置与高度的设置、反光膜的选用等提供了理论支持;再分析夜间条件下注意力、反应特性、操作特性和心理特性对驾驶过程的影响,为后续部分的研究奠定基础。

10.3 高速公路改扩建工作区夜间交通安全分析

目前大多数高速公路在进行改扩建时不封闭交通,车辆通行和改扩建工程施工同时进行,这就会导致施工作业区路段的基本车道数减少、通行能力降低,并伴随着车辆变道、车道转换、合流、分流等复杂行驶状态,在夜间会对施工作业区安全构成较大的威胁。

10.3.1 高速公路改扩建施工作业区的组成和形式

高速公路改扩建施工作业区是指从高速公路上第一块提前警告标志开始,到不再影响交通流的最后一点结束,并且为工程施工、施工人员安全作业、设备材料存储而预留的整个区域。

我国《公路养护安全作业规程》(JTG H30—2015)认为养护维修作业控制区是高速公路养护维修作业所设置的交通管理区域,分为警告区、上游过渡区、缓冲区、工作区、下游过渡区、终止区等6个区域,如图10-4所示。

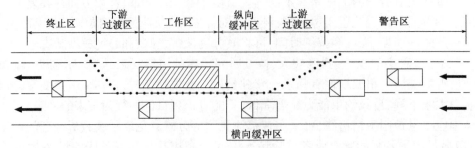

图10-4 施工作业区组成示意图

1)警告区

施工作业区的警告区(又称前置警告区)是指从施工作业控制区起点设置的第一块施工警告标志到上游过渡区之间的路段,用以提前警告通行车辆驾驶员已经驶入施工作业区路段,驾驶员需要根据交通标志来调整行车状态。夜间驾驶员缺乏警觉,因此警告区设置的临时交通安全设施应能提高驾驶员的警觉性,并向其提供必要的信息。夜间警告区应设置施工警告标志、闪光可变箭头信号、限速标志、线形诱导标、施工警告灯,还可以增加可变情报标志等,但应保证标志摆放的间距能够使驾驶员视认并完全理解标志的内容。美国《交通控制设施手册》(MUTCD)对警告区标志的间距提出了建议值:第一块前置警告标志的前置距离至少为800m,如果安放两块警告标志,第二块警告标志与第一块警告标志之间的距离应不小于450m;如果安放三块警告标志,第三块警告标志与第二块警告标志之间的距离应不小于300m。当路肩施工时,应在警告区范围内设置锥形过渡区。在施工作业完成后,要将这些警告标志等安全设施全部拆除,保证交通流的顺畅。我国《公路养护安全作业规程》(JTG H30—2015)对高速公路的警告区最小长度进行了规定,如表10-6所示。由于施工作业区环境复杂,驾驶员不熟悉行驶路径,夜间车辆行驶速度高,加之驾驶员夜间视觉水平不高,警觉性低、反应迟钝,因此,增加夜间施工作业区警告区的长度以及标志的间距有利于驾驶员根据实际情况及时调整行车状态。

警告区最小长度 S　　　　表10-6

公路等级	设计速度(km/h)	交通量 $Q[\text{pcu}/(h \cdot m)]$	警告区最小长度(m)
高速公路	120	$Q \leq 1400$	1600
		$1400 < Q \leq 1800$	2000
	100	$Q \leq 1400$	1500
		$1400 < Q \leq 1800$	1800
	80	$Q \leq 1400$	1200
		$1400 < Q \leq 1800$	1600

2)上游过渡区

上游过渡区是引导通行的车辆平稳地从封闭车道的上游横向过渡到缓冲区旁边未封闭车

道的一段渐变段。车辆的正常行驶路径发生了改变,需要在新旧路径之间设置锥形交通标等渠化设施,将车辆从正常行驶路径引导到新的路径上去。对于移动施工作业来说,过渡区要随着作业区的移动而移动。

(1)车道封闭下的上游过渡区长度。

上游过渡区是部分车道封闭、车辆合流的渐变段,其长度主要取决于车辆行驶速度和行车道宽度。美国《交通控制设施手册》(MUTCD)给出了不同形式下(图10-5)上游过渡区长度的确定标准(表10-7),也可以按照式(10-1)和式(10-2)来计算。

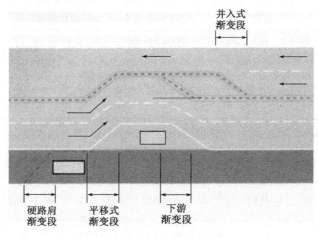

图10-5　上游过渡区形式示意图

不同形式下上游过渡区长度标准　　　　表10-7

上游过渡区形式	渐变段长度(m)	上游过渡区形式	渐变段长度(m)
并入式渐变段	≥L	单车道双向交通渐变段	≤30
平移式渐变段	≥0.5L	下游渐变段	30/车道
硬路肩渐变段	≥0.33L		

限速不超过60km/h的计算公式为:

$$L = \frac{WS^2}{155} \tag{10-1}$$

限速超过60km/h的计算公式为:

$$L = \frac{WS}{1.6} \tag{10-2}$$

式中:L——上游过渡区长度,m;

W——横向平移距离,m;

S——限制速度,km/h。

改扩建施工根据持续时间可以分为长期施工和短期施工,这两种情况下上游渐变段长度的设置会有所不同,长期施工所需的渐变段长度应略长。加拿大安大略省交通部对这两种情况下上游过渡区长度的规定值和警示标志设置间距见表10-8和表10-9。

短期施工的上游过渡区长度和警示标志设置间距 表10-8

公路等级	普通公路					高速公路
V_{85}(km/h)	≤50	60	70	80	90~100	80~110
车道封闭的渐变段长度(m)	10~15	20~30	30~40	50~60	70~80	220~300
路肩渐变段长度(m)	3~5	5~7	7~10	10~12	15~20	20~50

长期施工的上游过渡区长度和警示标志设置间距 表10-9

公路等级	普通公路					高速公路
V_{85}(km/h)	≤50	60	70	80	90~100	80~110
车道封闭的渐变段长度(m)	25~50	40~60	60~80	80~120	140~160	220~300
路肩渐变段长度(m)	8~15	10~15	15~20	20~25	30~40	20~50

我国《公路养护安全作业规程》(JTG H30—2015)送审稿参照国外标准,对上游过渡区的最小长度作了规定,见表10-9。路肩封闭渐变段的最小长度应按表10-10所示的1/3选取;隧道内上游过渡区的最小长度应按表10-9所示的1.5倍选取。上游过渡区长度设置的合理性可以根据现场的路面痕迹来判断,如果在上游过渡区路段出现较多车辆刹车划痕,则说明上游过渡区长度设置较短。对于急弯或者陡坡这些视距会受限制的路段,上游过渡区的起点应设置在驾驶员视距受影响的路段之前,适当增加上游过渡区的长度以满足驾驶员视距的要求。但是,上游过渡区的长度也不宜太长,美国有研究认为,当上游过渡区的长度太长时,会造成驾驶员不能及时变更车道,容易导致车辆闯入施工作业区。

上游过渡区最小长度 L_s(单位:m) 表10-10

限制车速(km/h)	封闭车道宽度(m)		
	3.0	3.5	3.75
80	150	170	190
70	120	140	160
60	80	100	120
50	70	90	100
40	30	40	50
30	20	30	
20	20		

(2)多车道封闭下的两个过渡区之间的间距。

高速公路改扩建施工通常需要单侧封闭多个车道,分级设置过渡区,我国《公路养护安全作业规程》(JTG H30—2015)中过渡区之间路段长度的取值为上游过渡区长度的2倍。加拿大安大略省交通部对长期施工和短期施工两种情况下多车道封闭下的两个过渡区之间的路段长度的取值见表10-11。

多车道封闭下的两个过渡区之间路段的长度　　　　　　　表 10-11

公路等级	普通公路					高速公路
V_{85}(km/h)	≤50	60	70	80	90~100	80~110
短期施工(m)	30	30	60	60	80	220~300
长期施工(m)	55	100	120	140	160	220~300

3) 缓冲区

缓冲区是上游过渡区末端与作业区之间开放或者未被占用的空间,将交通流与作业区分离开来,为通行车辆和施工人员、设备提供了安全区域,也给失误车辆提供了一定的缓冲空间,使其可以重新调整行车状态,避免车辆闯入施工作业区。如果空间不允许,并且有特殊警告标志设置的施工作业区,可以不设置缓冲区。对于移动式施工来说,缓冲区随施工区域的变化而变化。缓冲区一般禁止堆放东西,也禁止施工人员在其中活动,仅允许在施工区域上游设置保护车。另外,在上游过渡区与缓冲区之间应设置醒目的渠化设施,用来引导驾驶员沿正确路径行驶;并且当两个方向的交通流在同一车道行驶时,在缓冲区应使用渠化设施或者防撞设施将对向交通流隔离。

根据引导通行车辆的方向和作业区位置,缓冲区可以横向或者纵向设置。美国《交通控制设施手册》(MUTCD)对纵向缓冲区长度的建议值见表 10-12。

美国《交通控制设施手册》(MUTCD)对纵向缓冲区长度建议值　　　　表 10-12

速度(km/h)	30	40	50	60	70	80	90	100	110	120
距离(m)	35	50	65	85	105	130	160	185	220	250

我国《公路养护安全作业规程》(JTG H30—2015)送审稿参照美国标准,并考虑了纵坡对缓冲区长度的影响,对纵向缓冲区长度的规定见表 10-13。

我国对纵向缓冲区最小长度 H 规定值　　　　　　表 10-13

限速值(km/h)	下坡段不同坡度的纵向缓冲区长度(m)	
	≤3%	>3%
80	120	150
70	100	120
60	80	100
50	60	80
40	50	
30、20	30	

横向缓冲区设置在纵向缓冲区、工作区侧面,分离交通流和作业区,并为施工人员、机械提供横向安全的区域。其宽度宜取 0.5m,但应优先保证行车道宽度,各种限速条件下的行车道宽度按表 10-14 选取。

各种限速条件下的行车道宽度 表10-14

限速值(km/h)	行车道宽度(m)	限速值(km/h)	行车道宽度(m)
80	3.75	50	3.5
70	3.75	40	3.5
60	3.5	30、20	3.25

4)工作区

工作区是指道路上为施工作业、施工人员、设备、材料等预留的施工操作区域,通常用渠化设施或者临时路障分割出边界,阻止车辆进入。工作区可以是固定的,也可以随着施工进展而移动。

为减小高速公路施工作业对交通的延误影响,必须规定工作区路段的最大长度,工作区的长度应根据高速公路施工范围、施工活动性质、道路平纵线形以及限速等确定,最大长度一般不得超过3km。由于改扩建工程会分段进行,有些工程可能会有数个间隔几千米的工作区,这就需要使用有效的交通标志等临时交通安全设施反复提示驾驶员,避免车辆错误行驶到施工区。为了保障交通流沿着指定路径行驶,在行车道与施工区域之间,沿着与工作区边界相切线设置清晰可见的渠化设施或者防撞设施是一种有效手段。根据本章第2节的分析,驾驶员在夜间行驶时视觉水平有限,因此工作区在夜间需要设置有效照明,引导驾驶员在正确路径上行驶。另外,作业区应该为施工车辆提供安全的出入口,防止施工车辆与通行车辆发生交通冲突。

5)下游过渡区

下游过渡区设置在作业区结束处,引导通行车辆从工作区旁边的车道平稳过渡到原来行驶车道。下游过渡区是一段锥形过渡区,是为了让交通流恢复到正常行驶状态而设置的区域。我国规范与国外规范均规定下游过渡区的最小长度 L_x 为30m,但是如果渐变段的长度太长,会导致车辆行驶速度降低,驾驶员在变换车道时会产生延误。一般采用锥形交通标、标线或者其他渠化设施进行分隔。

6)终止区

终止区为设置于工作区下游,调整车辆行车状态以使驾驶员通过工作区后返回正常路径的一段区域,应该延伸至最后的临时交通控制设施的位置。我国规范建议终止区的最小长度为30m。

10.3.2 高速公路改扩建施工作业区夜间交通特性分析

高速公路改扩建施工路段上,通行车辆、驾驶员、道路环境等形成一个动态系统,其中的每一个因素均会对施工作业区的交通安全产生影响,并且各因素之间也是相互影响、相互制约的。在高速公路改扩建施工期间,由于驾驶员所熟悉的道路环境、交通环境以及交通安全设施等发生变化,加上夜间驾驶员的心理、生理水平较低,容易在夜间发生事故。本章第2节已经对驾驶员夜间的驾驶特征进行了详细分析,接下来对夜间施工作业区路段的道路环境特性和车辆运行特性进行分析。

1）高速公路改扩建施工作业区路段夜间道路环境特性分析

与正常情况相比，改扩建工程夜间施工期间道路环境将发生很大变化，如道路周围环境、车辆行驶路线、车道数量和宽度、临时交通安全设施等。

(1)道路周围环境。

对于高速公路来说，应防止人、动物、车辆等的侵入，确保其具有有效的封闭性，保障车辆能够在高速公路上安全行驶。高速公路两侧护栏的设置可以给予驾驶员心理上的安全感，防止车辆驶出道路，并在发生碰撞时减小对乘客和车辆的损伤程度，同时诱导驾驶员的视线。在改扩建路基、路面施工阶段，高速公路两侧的隔离栅与护栏均会被拆除或者改移，高速公路周边的居民、动物穿越高速公路的概率增加，会给通行车辆带来一定的干扰，存在一定的安全隐患，尤其是夜间在缺少照明或者照明不良的条件下，驾驶员对前方的辨认距离有限，很难辨识横穿高速公路的人、动物等，加上夜间驾驶员心理、生理水平不高，很容易发生交通事故。

(2)车辆行驶路线。

车辆行驶路线对驾驶员的心理、通行车辆的行驶速度、车辆通过施工作业区的顺畅程度以及通行车辆、施工人员、设备的安全具有较大影响。在高速公路改扩建施工阶段通常会封闭一条或者多条车道，通行车辆需要进行车道转换，驾驶员需要高度集中注意力，辨识出正确的行驶路线并准确操作，这不仅会消耗大量的脑力和体力，对驾驶员的心理、生理产生一定的影响，而且会对周围车辆的行驶路线、速度等带来影响。如果高速公路改扩建施工作业区设置在照明不良、缺乏诱导的路段，驾驶员在夜间不易辨识出施工作业区的存在，未提前变道，很容易闯入施工作业区，进而导致事故的发生。因此，高速公路改扩建施工作业区必须加强夜间照明以及对通行车辆的诱导，保证驾驶员能够辨识出施工作业区的存在，并且能够及时变道，按照正确的路线行驶。

(3)车道数量和宽度。

高速公路改扩建工程需要足够大的空间来进行施工，为了使改扩建工程施工的同时车辆也能够通行，通常需要封闭部分车道和减小车道的宽度。由于大型车的车身长度比较长，宽度比小型车宽，如果施工作业区占用空间较大，车道较窄，大型车超车时存在困难，继而会造成通行车辆行驶速度和道路通行能力的降低。另外，如果在施工作业区路段附近车道发生交通事故，会造成周围正常行驶的车辆避让空间不足，容易导致侧面碰撞、追尾碰撞等交通事故的发生。

(4)临时交通安全设施。

交通标志和标线、渠化设施、照明设施、诱导设施等临时交通安全设施是警告、提醒和引导车辆安全通过施工作业区的重要交通安全管理措施，同时能够为施工人员和设备提供安全保障。在改扩建施工过程中，设置在路侧土路肩上的交通标志需要拆除或者移位到中央分隔带或路侧临时隔离墩上，并且应在施工作业区路段设置相应的警告标志、禁令标志、指示标志和施工区标志；在车道封闭、车道变化的路段，必须先覆盖或除去现有标线，再施划相应的临时性路面标线；路基施工阶段末期拆除路侧护栏后，应设置渠化设施或者防撞设施，防止车辆冲出道路；夜间施工必须保证照明良好，渠化设施等应与施工警告灯配合使用。夜间在高速公路改扩建工程施工时必须合理地设置临时交通安全设施，如果临时交通安全设施设置不当，可能会导致施工作业区交通安全事故的发生。

2）高速公路改扩建施工作业区路段夜间车辆运行特性分析

高速公路在进行改扩建施工时通常不中断交通，部分车道封闭会对车辆运行特性造成一定影响，而夜间驾驶员的心理、生理水平处于低潮期，加之交通量不大，通行车辆在夜间的运行特性与白天的运行特性会存在一定的差异。周嗣恩等人通过观测车辆在白天高峰时段、白天非高峰时段和夜间时段通过高速公路施工作业区时的行驶速度（图10-6）发现，在白天高峰时段，由于交通量较大，车辆行驶速度较低，容易形成排队现象；但在白天非高峰时段和夜间，由于交通量不大，车辆并没有因为发现施工作业区的存在而采取降速措施，而是以较高的速度通过施工作业区，在通过施工作业区路段时车辆超速比例比较高，尤其是在上游过渡区路段。

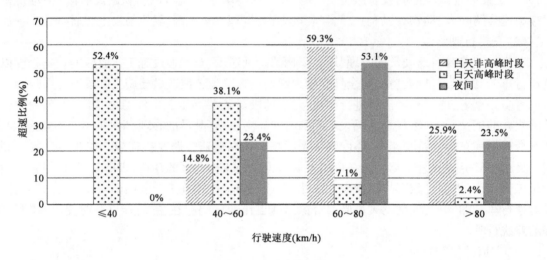

图10-6 速度分布图

当驾驶员在夜间发现警告区的施工标志、警告标志、禁令标志和指示标志等时，会察觉到前方施工作业区的存在，并且会有降低行驶速度的意识，但驾驶员并不会立刻选择变道，因此车辆行驶速度通常下降不多，而且车辆行驶速度往往会超过施工作业区路段规定的限速值。当车辆行驶一定距离后，部分驾驶员开始调整车辆行驶状态进行变道，这会造成车辆行驶速度离散分布，容易导致追尾事故的发生。随着车辆驶入上游过渡区，行驶在封闭车道上游的车辆必须全部完成变道合流，这就会使通行车辆在未封闭车道上的分布发生变化，并且车辆的行驶状态也会受到影响。通常高速公路夜间交通量不大，车辆间有足够的间隙来满足变道合流，车辆的行驶速度会有所降低，在上游过渡区末端，车辆的行驶速度降到最低，但大部分车辆行驶速度仍大于限速值。当车辆行驶到工作区路段时，虽然会受到道路周围环境、施工环境等的影响，但车辆通过调整可以很快恢复到原来均衡、稳定的交通流状态，同时车辆的行驶速度会有所提升，部分车辆行驶速度仍高于限速值。当车辆驶离工作区进入下游过渡区、终止区时，道路周围环境恢复，车辆行驶速度会进一步提升。但是，大货车在通过施工作业区路段时速度下降较多，与小型车和大客车存在较大的速度差，而夜间大货车数量较多，当小型车在工作区路段无法超越前方低速行驶的大货车时，只能在其后匀速跟驰，车辆行驶速度不高，会降低施工作业区路段的通行能力。

10.3.3 高速公路改扩建施工作业区夜间安全影响因素分析

高速公路进行改扩建施工时通常伴随着车辆通行，由于夜间交通量不大，许多项目会选择在夜间进行施工。夜间的行车环境与白天有着很大的差别。白天光线较好，驾驶员的视力水平较高，可以清晰辨别目标物体，可以通过观察周边事物、参照物来准确判断距离、车速、方位等；视野相对较广，眼睛可以接受足够的信息来调整驾驶行为。但是夜间光线不足，驾驶员的视力水平较低，可见度和辨识度都比较低，如果施工作业区路段照明不良，驾驶员辨别施工作业区存在较大困难，不能准确判断距离、车速、方位等，不容易获取周围交通信息；另外，在夜间行车时，因为看不到道路两旁的景观，对驾驶员兴奋性刺激小，驾驶员易产生驾驶疲劳。有资料表明，夜间的交通量仅为白天交通量的 1/3～1/2，但夜间发生的交通事故数却与白天发生的交通事故数接近，夜间发生的死亡事故数约为白天发生的死亡事故数的 2 倍。车辆在夜间通过高速公路改扩建施工作业区时，驾驶员驾驶疲劳、车辆超速行驶、照明不良、临时交通安全设施设置不合理等都是容易导致交通事故发生的影响因素。

1）驾驶疲劳

驾驶疲劳，是指驾驶员长时间驾驶车辆，引起心理和生理机能的失调，导致驾驶效能下降的现象。车辆在行驶过程中，驾驶员需要高度集中注意力，仔细获取、分析、判断外界信息，如果长时间驾车，会消耗驾驶员大量的脑力和体力，驾驶员的身体会产生大量的乳酸、二氧化碳等代谢产物，继而会影响中枢神经系统，导致驾驶员眼睛酸痛、听力下降、反应迟钝、操作不灵活、身体有倦怠的感觉，对驾驶感到厌烦。驾驶疲劳是夜间发生交通事故的主要原因。根据高速公路事故统计资料，6%～8%的交通事故是由驾驶疲劳引起的，22%～24%的死亡事故均与驾驶疲劳有关，夜间是驾驶疲劳的高发时间段，因驾驶疲劳而导致的夜间交通事故数占夜间交通事故总数的 50%左右。夜间驾驶疲劳的产生主要与以下几点有关：

(1) 夜间驾驶环境。

驾驶环境分为车内环境和车外环境。驾驶过程中，车内噪声、振动过大或者车内空气不流通都容易造成驾驶疲劳。在夜间，周围车辆行驶状况、道路交通标志标线与其他交通安全设施、天气、照明等车外环境信息也都与驾驶疲劳的产生有关。

(2) 驾驶时间。

驾驶时间过长也是造成驾驶疲劳的一个主要原因。驾驶员以固定姿势坐在座位上重复简单的体力劳动，同时大脑需要较多的氧气来保持注意力高度集中，处理各种与驾驶任务有关的信息，而连续长时间行车，加上车内空气不流通，会造成驾驶员脑部供氧不足，产生驾驶疲劳，疲劳感随着驾驶时间的增加而加剧。研究表明，一般情况下，一次性驾驶时间不宜超过 3h。

(3) 驾驶时刻。

根据人体生物钟节律，夜间人体的觉醒水平较低，睡意较强。夜间行车，驾驶员警觉性较低，疲劳感较高，容易犯困，有研究表明，23:00 后驾驶员的睡意开始增强，凌晨 3:00～4:00 间驾驶员睡意最强。

(4) 驾驶员身体状况。

不同的身体状况或不同年龄的驾驶员的视力、听力、抓握力、心肺能力等机能存在较大差异,是影响疲劳的主要生理因素之一。

(5)驾驶技能与经验。

不同的驾驶员,其驾驶技能与经验存在明显的差异,技术水平低的驾驶员其操纵能力差,相同的驾驶行为会消耗更多的精力,更容易产生疲劳。

(6)车辆频繁变换车道。

目前大多数高速公路在进行改扩建施工时不封闭交通,车辆通行和改扩建工程施工同时进行,通行车辆在短时间内被迫频繁变道行驶,会消耗驾驶员大量的脑力和体力,导致驾驶疲劳的产生。

2)超速行驶

许多调查和研究表明,车辆的行驶速度过高是引起交通事故的一个主要因素。根据美国事故资料统计,30%的交通死亡事故与车辆超速行驶有关;澳大利亚的一项研究表明,在车辆以超过60km/h的速度通过施工作业区时,行驶速度每增加5km/h,事故率就会增加一倍。夜间车辆以较高速度通过施工作业区时,驾驶员的视力水平较低、视野范围较窄,对相关临时交通安全设施所需视认距离增加,驾驶员会忽略关于施工作业区相关标志的内容,容易导致车辆误闯施工作业区事故或者碰撞固定物事故的发生;另外,夜间车辆通过施工作业区时行驶速度过高,在上游过渡区合流时,驾驶员所需要的反应时间与车辆制动距离较长,往往容易导致追尾碰撞事故或者侧面碰撞事故的发生,车辆行驶速度越高,车辆发生碰撞时的冲击力越大,碰撞事故的结果越严重。

3)照明不良

为了保证车辆在夜间能够安全、平稳通过施工作业区,驾驶员需要通过良好的视觉水平获得必要的信息,而良好的视觉条件在夜间很大程度上依靠照明设施。国内外许多研究表明,高速公路照明条件直接影响着驾驶员的夜间视觉水平,对夜间车辆行驶的安全性发挥着至关重要的作用。美国有研究表明,高速公路设置照明设施后,夜间发生的死亡事故及重伤事故可以减少52%,夜间发生的重大事故可以减少62%。良好的照明条件有助于驾驶员在夜间及时获取道路周围环境信息和周围交通信息,使驾驶员清晰辨认交通标志、标线等安全设施,同时可以加强对车辆的诱导,能够为驾驶员提供安全、可靠、舒适的视觉条件,从而有效降低夜间交通事故发生的概率。我国《公路照明技术条件》(GB/T 24969—2010)对高速公路路基路段、桥梁、立体交叉等位置处的照明进行了规定。

4)施工作业区道路环境复杂

高速公路改扩建施工过程中通常会占用硬路肩或者部分车道,施工作业区作为道路空间范围内的障碍物,与通行车辆形成一个复杂而又危险的交通环境,如果在施工作业区路段发生意外,车辆躲避危险的空间不足,容易发生车辆闯入施工作业区以及碰撞固定物的事故。另外,改扩建施工封闭车道期间,车辆行驶路径发生变化,需要多次进行车道转换,夜间需要驾驶员集中注意力驾驶车辆,容易使驾驶员产生疲劳感。

5)临时交通安全设施设置不合理

高速公路在进行改扩建施工时会封闭部分车道,导致高速公路不能发挥全部通行功能,加之施工作业环境复杂,驾驶员在夜间行驶时心理、生理水平不高,容易产生驾驶疲劳,因此,为了保证施工作业区路段的交通安全性和顺畅性,必须在施工作业区路段设置交通控制区,并设置相应的临时交通安全设施,在改扩建工程项目完成后,必须将其拆除以保证交通流的畅通。发光标志、夜间施工警示灯、隔离设施、照明设施、诱导设施、防眩设施等临时交通安全设施作为夜间施工作业区交通控制与安全保障措施的主要手段,对夜间施工作业区的安全性起着至关重要的作用。它们可以控制车辆行驶速度,提供照明,向驾驶员提供车辆行驶路线,给予指路、指示、警告或者禁止等信息;能够有效地将通行车辆与夜间施工作业区隔离开来,引导车辆安全、顺畅行驶,在确保夜间施工过程中施工人员安全与施工质量的同时,最大限度地保证交通流的畅通。如果夜间施工作业区临时交通安全设施设置不合理,那么在施工作业区路段发生交通事故或者车辆闯入施工作业区事故的概率就会增加,会给驾驶员、施工人员、施工设备的安全带来极大威胁,改扩建施工效率也会大打折扣。

6) 缺乏技术指导文件

目前我国仅有《公路养护安全作业规程》(JTG H30—2015)等规范对公路养护施工作业区的安全进行了主要规定,但是尚没有关于不中断交通情况下高速公路改扩建施工作业区安全的规范颁布实行,并且对高速公路改扩建工程夜间临时交通安全设施的设置缺乏较为完整、合理的技术指导文件。目前许多施工作业区或多或少都存在不合理、不规范的现象,给施工过程中施工人员、施工设备和通行车辆的安全带来事故隐患,同时影响交通流畅通,有些施工作业区为了满足施工需求甚至不顾施工作业区的安全和交通流的通行,人为造成了许多施工作业区本可避免的交通事故和交通拥堵。

10.4 夜间施工作业区临时交通安全设施

改扩建夜间施工作业区环境复杂,为保障作业区车辆安全运行,必须向驾驶员提供准确、清晰的指引信息;夜间光线不足、视认性差,用于夜间施工作业区的临时交通安全设施必须具有反光性或发光性。

改扩建夜间施工作业区临时交通安全设施主要包括:视线诱导设施、防眩设施、闪光设施等。

10.4.1 视线诱导设施

视线诱导设施主要包括突起路标、轮廓标、诱导标。

1) 突起路标

突起路标主要安装在道路的标线中间或双黄线中间,通过其逆反射性能提醒驾驶员按车道行驶。其设置一般应符合以下要求:

(1) 突起路标宜在服务区、互通等分合流匝道处布设,并不得侵入行车道内,与进出口匝道标线、导流标线、路面宽度渐变标线等配合使用。

(2) 布设要求夜间轮廓分明,清晰可见,间隔宜为3~6m。

(3) 突起路标颜色应与标线同色。

(4) 突起路标分为车道边缘线形和车道分界线形,其对应的建议高度为25mm、20mm。考虑施工期间空间受限,可在分合流鼻端设置突起路标,分流鼻端车辆碾压较大,若突起路标高度较高,将对车辆运行稳定性产生不利影响,因此建议采用高度为20mm的突起路标。

（5）突起路标宜采用定向反光式玻璃材质，因为高速公路行车速度高，车流量大，塑料材质容易损坏，不及时清理会对行车安全造成不利影响；而铝制材料对车辆轮胎不利，增加行车风险（图10-7）。

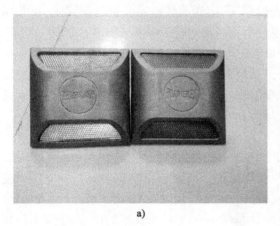

图 10-7　突起路标设置

2）轮廓标

轮廓标用以指示道路前进方向和边缘轮廓，具有逆反射功能。高速公路车辆运行速度高，轮廓标可诱导驾驶员视线，显示公路几何线形，从而保证驾驶员在夜间可视距离小的情况下，安全、快速、舒适地行驶。轮廓标适用于道路线形发生变化的地方，如车道数突然减少或增加的路段、路肩宽度发生变化的路段、直线过渡到曲线段、小半径曲线段、隧道内等。其分类如图10-8所示。

其中附着式轮廓标可以附着于波形梁护栏、混凝土护栏侧壁、中央分隔带混凝土护栏上方、挡墙、桥墩、桥台、隧道侧壁、停车场、道路分割带等处，采用不同形式的支架与建筑物连接，如图10-9所示。

轮廓标设置间距参考日本、加拿大、美国的相关规范，根据《道路交通标志和标线　第3部分：道路交通标线》（GB 5768.3—2009）的规定，高速公路直线段，轮廓标设置间距一般为50m。高速公路改扩建全线车速调查显示，主线基本路段车辆速度与普通高速公路基本相同，运行车速较高，因此，轮廓标间隔宜为50m。但允许根据道路线形，如平曲线、竖曲线的变化，在保证视线连续的前提下适当调整间隔。

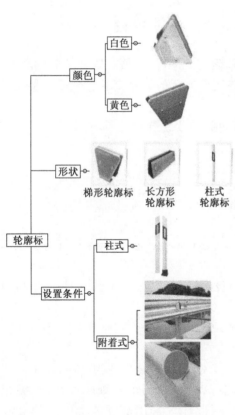

图 10-8　轮廓标分类

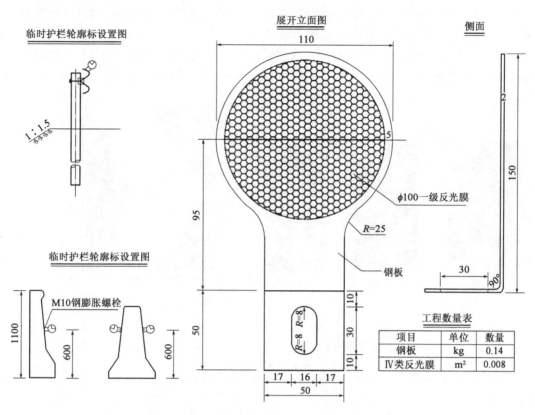

图 10-9　轮廓标大样图(尺寸单位:cm)

设置高度以波形梁护栏横梁中心线距路面的高度为基准,轮廓标反射体中心线距路面 60~75m,有特殊需求的路段可适当调整。

3)诱导标

诱导标主要包括合流诱导标和线形诱导标,其分别属于警告标志和指路标志。其中线形诱导标用以引导作业区行车方向,提示道路使用者前方线形(行驶方向)变化,注意谨慎驾驶。图 10-10 所示的线形诱导标设置于作业区线形(行驶方向)变化处,图 10-11 所示的竖向线形诱导标设置于作业区隔离设施端部等处。

图 10-10　线形诱导标

线形诱导标基本尺寸符合《道路交通标志和标线　第2部分:道路交通标志》(GB 5768.2—2009)的相关规定。例如:线形诱导标单元板块的尺寸如图10-12所示,线形诱导标尺寸如表10-15所示,实际应根据相关条件确定。当设计速度大于或等于80km/h时,可选用600mm×800mm;当设计速度小于80km/h时,可选用400mm×600mm;最小不应小于220mm×400mm。

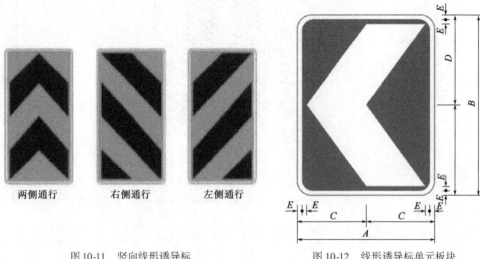

图10-11　竖向线形诱导标　　　　　　　图10-12　线形诱导标单元板块

线形诱导标尺寸　　　　　　　　　表10-15

类别	尺寸(mm)					
	A	B	C	D	E	E'
Ⅰ	600	800	300	400	20	20
Ⅱ	400	600	200	300	15	15
Ⅲ	220	400	110	200	10	10

依据高速公路改扩建作业区车辆运行速度调查,小型车车速分布于80km/h附近,大型车车速集中分布于70~80km/h,因此,选用单元板块尺寸为400mm×600mm。

在该诱导标的设置理论中,明确地指出了第一个诱导标的设置位置应在曲线的起点。在国内外的传统设置原理中,第一个诱导标的位置依据半径的不同而发生改变,导致其可能安置在缓和曲线内,也有可能安置在直线上,那么驾驶员就不能对曲线曲率变化点做出正确的判断。把第一个诱导标设置在ZH点,有效地避免了按传统方法设置可能导致的驾驶员对曲率变化点的错误判断,增加了道路使用者的驾驶安全性。

研究结果表明,在半径500m之前,诱导标的设置间距是随着半径的增大而增大的;但在半径500m之后,诱导标的设置间距变化并不大,这有力地说明了原始的计算方法及原理的局限性,并非曲线半径越大,诱导标设置间距越大。当曲线半径达到500m左右时,由于半径较大,驾驶员所能看到的弧长受到灯光照射距离及人眼可视距离的限制。由于可视距离是个定值,当半径再增大时,驾驶员所能看到的弧长便不会有太大的变化了。对此,结合改扩建实际情况,考虑大车遮挡对诱导标的合理间距进行了仿真实验分析,仿真实验流程如图10-13所示,仿真场景如图10-14~图10-16所示。

第 10 章　施工区夜间交通安全保障研究

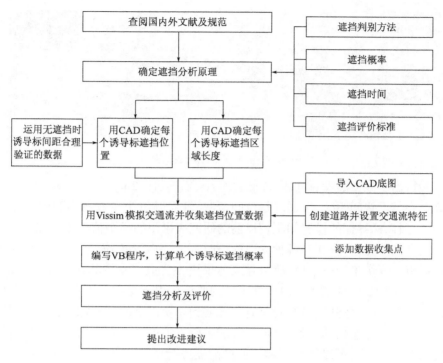

图 10-13　诱导标遮挡的计算机仿真实验流程

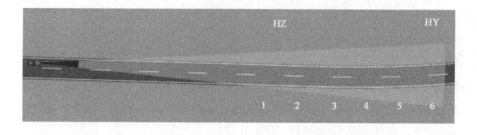

图 10-14　仿真场景一(可视 6 块)

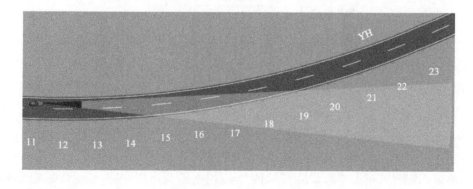

图 10-15　仿真场景二(可视 5 块)

151

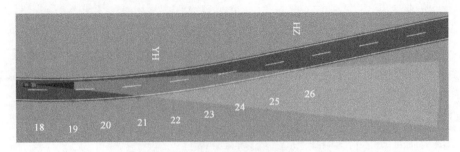

图 10-16　仿真场景三(可视 4 块)

通过仿真实验得出了最大的设置间距,左转:13.7m,右转:16.2m。

在计算诱导标设置间距时,考虑的是夜间情况,灯光照射距离取最不利的车况,且相关参数都取最小值,所以诱导标的设置间距较以前的研究成果中的间距值偏小。究其原因,是由于考虑的是最安全的情况,所以在对各种参数取值时都取一般最小值,而且在最后的结果中,取的是 4 个特征点计算结果的极小值,所以导致结果更小。但该设置间距不仅能满足最不利环境、最不利车辆的要求,而且能满足白天驾驶员的要求。由于是按最不利条件下可见 4 块诱导标进行的理论计算,而在驾驶员行驶时是有可能看到 4 块以上的诱导标的,这样从某种程度上可以抵消车辆对诱导标遮挡的影响,可见 4 块诱导标更加可靠。在得出计算结果时,并未对其取整,在实际的施工当中,可以根据实际的道路情况进行调整和取整。同时需要说明的是,在曲线半径的选取方面,并不是选取所有的半径,而是依照规范进行一般最小半径的选取,在计算时所取各参数也为一般最小值,故得出的结果可适用于所有的曲线半径。因此,改扩建施工区的诱导标设计间距折中取 15m。

10.4.2　防眩设施

导致夜间发生交通事故的原因有很多,车辆眩光就是其中一个重要原因。改扩建作业区道路条件差,对向车流通常由临时隔离护栏隔开,夜间对向来车的前照灯会对驾驶员产生很大程度的眩光,若不采取相关防眩光措施,很有可能引发严重交通事故。防眩设施是一种提高行车安全性与舒适性的设置,通常为防眩板。其遮光原理如图 10-17 所示。

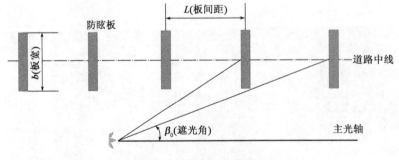

图 10-17　防眩板遮光原理

改扩建施工作业区布设防眩设施要求具有连续性,避免出现空隙,使毫无思想准备的驾驶员出现眩目危险;高度设置原则上全线统一,不同防眩结构的连接要注意高度的平滑过渡,不要出现突然的高低变化;防眩板设置时不应占用道路空间资源。

相关研究表明,高速公路主线段防眩板采用100cm板距、15~25cm板宽时,无论防眩板所处位置如何且是否偏转均可满足直线和平曲线段板间防眩要求。

防眩高度计算公式:

$$H = h_d + (h_y - h_d)\frac{B_1}{B} \qquad (10\text{-}3)$$

式中:H——直线段防眩高度,m;
h_d——汽车前照灯高度,m;
h_y——驾驶员视线高度,m;
B_1——行车道上光源车辆距防眩板的距离,m;
B——光源车辆与受光车辆之间的横向距离,m。

车道组合形式示意图如图10-18所示。

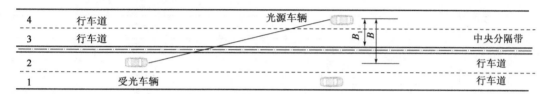

图10-18 车道组合形式

其中,h_d 与 h_y 的建议值如表10-16所示。

h_d 与 h_y 的建议值 表10-16

车 型	视线高度 h_y(m)	前照灯高度 h_d(m)
大货车	2.25	1.05
中货车	2.10	1.00
小货车	1.60	0.70
大中客车	2.00	1.00
小客车	1.30	0.70
拖挂车	2.20	1.00

B 值受车辆所处位置、防眩板位置、行车道宽度、中央分隔带宽度和左侧路缘带宽度的影响,需根据光源车辆所处的车道、防眩板的设置位置以及表10-17中相关设计参数对相应的 B_1 和 B 分三种情况进行讨论。

B 取值相关设计参数 表10-17

设计速度 V_d(km/h)	40~60	80
行车道宽度(m)	3.25/3.5	3.5/3.75
中央分隔带宽度(m)	1~1.5	1~2
左侧路缘带宽度(m)	0.5/0.75	0.5/0.75

(1) 光源车辆在距道路中线更远的车道上行驶时,对向车辆横向间距 $B \geq 14\mathrm{m}$,驾驶员基本不会受到眩光影响,故不考虑该种情况。

(2) 光源车辆在内侧靠近道路中线的第二车道上行驶,以高速公路施工区的设计参数为例,速度取 60km/h,行车道宽度为 3.25m,中央分隔带宽度为 1.5m,左侧路缘带宽度为 0.5m 时,$B_1 = 6.125\mathrm{m}$,$B = 8.5\mathrm{m}$;当客货分离时,采取 $h_d = 1.05\mathrm{m}$,$h_y = 2\mathrm{m}$,计算得防眩板设置高度为 1.73m。

(3) 当光源车辆在内侧靠近道路中线的第一车道上行驶,参数设置同上,$B_1 = 2.875\mathrm{m}$,$B = 5.25\mathrm{m}$;当客货分离时,计算得到防眩板设置高度为 1.57m。

考虑不同侧向余宽、设计速度、车道宽度、中央分隔带宽度组合下,计算得表 10-18 和表 10-19 所示结果。

表 10-18 侧向余宽为 0.5m 时不同设计速度、车道宽度、中央分隔带宽度组合下的最小防眩高度

V_d(km/h)	车道宽度(m)	参数	中央分隔带宽度 d(m)		
			1	1.5	2
80	3.75	B_1(m)	6.625	6.875	7.125
		B(m)	9	9.5	10
		H_Z(m)	1.749	1.738	1.727
	3.5	B_1(m)	6.25	6.5	6.75
		B(m)	8.5	9	9.5
		H_Z(m)	1.749	1.736	1.725
40~60	3.5	B_1(m)	6.25	6.5	6.75
		B(m)	8.5	9	9.5
		H_Z(m)	1.749	1.736	1.725
	3.25	B_1(m)	5.875	6.125	6.375
		B(m)	8	8.5	9
		H_Z(m)	1.748	1.735	1.723

表 10-19 侧向余宽为 0.75m 时不同设计速度、车道宽度、中央分隔带宽度组合下的最小防眩高度

V_d(km/h)	车道宽度(m)	参数	中央分隔带宽度 d(m)		
			1	1.5	2
80	3.75	B_1(m)	6.875	7.125	7.375
		B(m)	9.25	9.75	10.25
		H_Z(m)	1.756	1.744	1.734
	3.5	B_1(m)	6.5	6.75	7
		B(m)	8.75	9.25	9.75
		H_Z(m)	1.756	1.743	1.732

续上表

V_d(km/h)	车道宽度(m)	参数	中央分隔带宽度 d(m)		
			1	1.5	2
40~60	3.5	B_1(m)	6.5	6.75	7
		B(m)	8.75	9.25	9.75
		H_Z(m)	1.756	1.743	1.732
	3.25	B_1(m)	6.125	6.375	6.625
		B(m)	8.25	8.75	9.25
		H_Z(m)	1.755	1.742	1.730

因此,施工区中央分隔带防眩板设置高度应参考以上表格设定。其他情况应再进行计算论证。

10.4.3 闪光设施

闪光设施主要包括闪光箭头、警示频闪灯、车辆闪光灯、爆闪灯、警示灯等。爆闪灯和警示灯如图10-19所示。

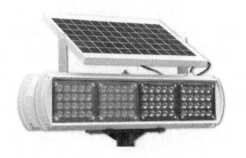

图10-19 爆闪灯、警示灯

设置可变箭头信号标志可以有效降低由于驾驶疲劳而引发事故的概率,且其与适当的渠化设施或者其他临时交通安全设施组合使用效果会更好。可变箭头信号标志显示模式如表10-20所示。

可变箭头信号标志显示模式　　　　　　　　　表10-20

工 作 模 式		显示屏显示内容		
模式一:单向移动	闪光箭头		➤	
	连续移动箭头	➤	➤	➤
	连续移动V形箭头	⋁	⋁	⋁

续上表

工作模式		显示屏显示内容
模式二:双向移动	闪光双箭头	
模式三:警告	闪光警告	或

参考相关研究,闪光箭头视认性好、耗电量少、光照强度高,驾驶员对其反应快,因此推荐在作业区封闭车道上或者交通转换段渠化设施后方设置闪光箭头指引驾驶员的行车方向。

对于不同行驶速度的车辆来说,可变箭头信号标志显示屏的尺寸、视认距离等要求均不相同,如表10-21所示。高速公路夜间施工必须采用C型可变箭头信号标志,其在直线路段的最小视认距离为1600m,在曲线路段的最小视认距离为460m。

可变箭头信号标志适用对象　　　　表10-21

类　型	适用范围	显示屏尺寸(mm×mm)	直线路段最小视认距离(mm)
A	低速城市道路	1200×600	800
B	中等速度道路	1500×750	1200
C	高速、高流量公路	2400×1200	1600

可变箭头信号标志可以安置在保护车、混凝土基础或者其他适当的支撑物上。安装在施工车辆或者设备上的可变箭头信号标志的位置应尽量高些,最小安装高度为标志板的底部距离道路表面2.1m,以提高视认性。为了使可变箭头信号标志安装的高度尽量高,可以依靠一些设备来使施工车上的箭头指示板标志升降,当不需要使用的时候也可以容易地取下来,比如液压升降机,可以很迅速、方便地使箭头指示板到达指定高度,也降低了工作人员在夜间反复作业而受伤的风险。

10.5 夜间施工作业区临时交通安全设施设置研究

10.5.1 基本要求

(1)改扩建施工作业区布置应考虑交通量、施工作业的内容与要求、施工持续时间、视距、车辆行驶速度、经济效益等因素,施工作业区内临时交通安全设施的设置必须合理、前后协调,起到引导车流平稳变化的作用。

(2)改扩建施工作业前,单位必须向高速公路管理部门提交相关的施工组织方案、交通组织方案、操作规程、施工图纸、临时交通安全设施设置方案、施工期间管理方案和应急预案等,并明确施工作业区范围、施工预期时间等,经审查同意后,方可办理审批事宜,并以此作为施工作业的前提条件。

(3)改扩建夜间施工作业道路环境比较复杂,必须向驾驶员提供准确的指引信息,对于长期固定作业区来说,除必要的作业区标志外,还应根据实际情况设置渠化设施、作业区标线、防撞垫、黄闪灯、限速标志和可变信息标志等,并保证作业区所有设施具有良好的反光性能。

(4)改扩建移动施工或者短期固定施工持续时间较短,作业区的施工警告区较长期施工作业区可以有所缩短,但道路环境比较复杂,危险性较大,不应通过简单地减少作业区设施的做法来简化作业区布置。移动施工作业区或者短期固定施工作业区应充分利用警告标志,高强度警示灯旋转、闪烁或施工指挥人员摆动等方法提醒驾驶员注意。

(5)改扩建施工作业区设置的临时交通安全设施应易于安置、回收和运输,在施工结束后应及时回收,同时应保证不会对正常交通运行造成影响。

(6)改扩建施工作业区应设置工程车辆专门的入口和出口,出入口应设在顺行方向的下游过渡区内。

(7)同一方向不同断面的相同车道同时施工作业,下游工作区距上游工作区1600m以上时,应在下游工作区前端设置施工标志。

(8)同一方向不同断面的不同车道不宜同时施工作业,当必须同时施工作业时,对其控制区布设间距,高速公路应不小于2000m。

(9)当对单向三车道及以上公路上中间车道进行施工或养护时,一般情况下要封闭作业车道及两侧车道中的一条,以保证足够的作业空间、施工及行车安全;当交通量很大,封闭两条车道会发生严重拥堵的情况时,可以只封闭中间车道,诱导交通流由两侧通过。

(10)应利用作业区上游的可变信息板显示"前方××公里封闭车道施工,请谨慎驾驶"的信息。

(11)路基边坡开挖台阶后,路基外侧处于不稳定状态,为确保车辆和施工安全,在路基边坡未开挖段或已施工完成段应设置紧急停车带。

(12)交通管制人员、施工人员都应接受过安全培训,施工作业时必须身着荧光黄绿或荧光橙红色的反光安全服,在没有任何防护措施的情况下不得走入行车道。

10.5.2 施工作业区临时交通安全设施设置要求

施工作业区的警告区、上游过渡区、缓冲区、工作区、下游过渡区及终止区应设置完善的临时交通安全设施。

1)固定施工作业区

(1)在警告区内应设置施工标志、限速标志和车道减少或车道封闭标志、闪光可变箭头信号标志、黄闪灯或爆闪灯,可以增加可变情报标志等。

(2)临时交通标志应采用荧光橙全棱镜反光膜,夜间作业宜采用主动发光标志。

(3)在车道减少和改变交通流向的上游过渡区渐变段起点位置应设置闪光可变箭头信号标志。

(4)在缓冲区应设置带有警示灯的路栏或者施工防撞缓冲车。

(5)在过渡区、缓冲区和作业区临交通流的一侧应设置渠化设施或防撞设施,渠化设施应采用V类荧光反光膜,夜间作业区可在渠化设施或防撞设施顶部安装警告灯。

(6)作业区所有临时设施应具有良好的反光性能,反光膜应满足寿命为4年及以上。

(7)缓冲区和工作区路段的行车道分界线,宜设置为实线。

(8)当改变交通流向的作业区位于连续下坡、视距不良等路段时,在作业区的缓冲区前方应设置具有防撞功能的临时防撞设施。

2）移动施工作业区

（1）在警告区内应设置施工警示车或者便携移动式标志，可设置黄闪灯或爆闪灯；对于连续移动施工作业可适当减少警告标志的个数。

（2）在上游过渡区可采用易于设置、回收和运输的锥形交通标；在视距不良路段，可在锥形交通标上安装警告灯。

（3）除在交通量不大时进行连续移动施工作业外，其他情况下应设置移动保护车。

（4）所有服务车辆尾部应安装可变信息标志或者其他发光标志，顶部应安装警告灯，车身应设置反光标识。

（5）夜间在移动施工作业区可采用便携式移动照明设施或者将照明设施附着在施工车辆或者施工设备上。

10.5.3 高速公路移动施工作业区夜间临时交通安全设施设置要求

高速公路改扩建施工可以分为固定施工和移动施工。当高速公路路段交通量不大时，根据施工需要可以采用移动施工，施工车辆、施工设备等的行驶速度通常不高于25km/h。移动施工可以分为两类，即连续移动施工和间断移动施工，间断移动施工停留时间通常不超过15min。施工涂画标线、擦除标线、设置突起路标、设置路肩隆声带、清扫路面、清理排水设施等工程都属于移动施工的范围，通常安排在夜间进行。移动施工占用的时间较短，占用的空间相对较小，对通行交通流的影响不大，所需的交通管理控制水平和安全水平较低。

1）夜间路肩封闭移动施工

夜间在路肩上进行移动施工作业时，在对通行交通影响较小的情况下，间断施工停留时间通常不超过15min，临时交通安全设施设置如图10-20所示，施工时应注意如下几个方面：

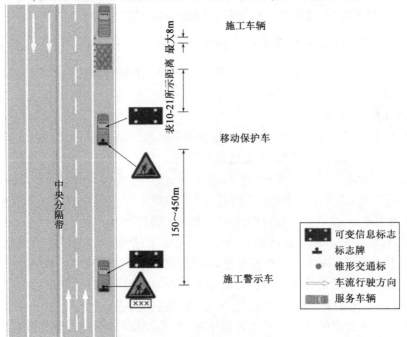

图10-20 夜间在路肩上进行的移动施工

(1) 应在硬路肩上设置施工警示车，其在夜间的视认距离应大于 150m。

(2) 施工警示车与移动保护车之间的距离不应超过 1km，以 150~450m 为宜。

(3) 当移动施工作业工作区的识别视距小于 250m 或者夜间通行车辆行驶速度较高时，应设置施工防撞缓冲车。

(4) 移动保护车与施工车辆之间的距离可参考表 10-22 中的推荐值，可根据实际交通条件适当调整两车之间的距离，并应注意在弯道上视距受限之前及时减速。

移动保护车与施工车辆之间以及移动保护车与移动保护车之间的距离　　表 10-22

路段限速值(km/h)	服务车辆重量超过 22000LBS		服务车辆重量不足 22000LBS	
	持续施工(m)	移动施工(m)	持续施工(m)	移动施工(m)
>90	50	60	60	70
70~90	30	50	40	60
<70	25	30	30	30

注：LBS 为英制重量单位"磅"，1LBS = 0.45359kg。

(5) 施工车辆、施工警示车、移动保护车顶部应安装高强度闪光警告灯，保证工作区具有 360°可见度，尾部应安装采用警告模式的可变箭头信号标志、便携式可变信息标志或者主动发光的施工标志。

(6) 如果通行车辆行驶速度不超过 50km/h，移动保护车具有超过 450m 的视认距离时，可以不设置施工警示车。

(7) 如果工作设备需要占用部分车道，或侵占邻近的车道线时，需要保持邻近行驶车道的宽度至少为 3m。

2) 夜间外侧车道封闭移动施工

(1) 夜间设置渠化设施的外侧车道封闭移动施工。

夜间在高速公路外侧车道移动施画非速干型标线时，应设置渠化设施，以避免标线未固化就遭到车辆碾压，临时交通安全设施设置如图 10-21 和图 10-22 所示，施工时应注意如下几个方面：

①所有服务车辆顶部应安装高强度闪光警告灯，保证工作区具有 360°可见度；施工车辆、渠化设施设置车和回收车上应安装照明设施，提高夜间施工效率和行车安全性。

②所有服务车辆尾部应安装采用警告模式的可变箭头信号标志、便携式可变信息标志或者主动发光的施工标志。

③移动保护车与渠化设施设置车、渠化设施回收车之间的距离以及渠化设施设置车与施工车辆之间的距离可参考表 10-21 中的推荐值，可根据实际交通条件适当调整两车之间的距离。

④渠化设施回收过程中，应在硬路肩视距良好处设置施工警示车，其与移动保护车之间的距离宜为 150~800m，如果硬路肩小范围内存在障碍物，施工警示车应在不影响交通通行的前提下，迅速绕过障碍物并重新回到硬路肩。

⑤如果施工路段硬路肩较窄，则施工警示车不应占用行车道空间；如果必须占用行车道空间，则应设置移动保护车替代施工警示车。

⑥如果通行车辆行驶速度不超过 50km/h，移动保护车具有超过 450m 的视认距离，则可以不设置施工警示车。

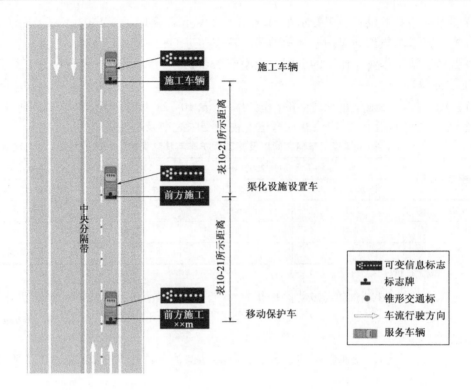

图 10-21 夜间设置渠化设施的外侧车道封闭移动施工——设置渠化设施

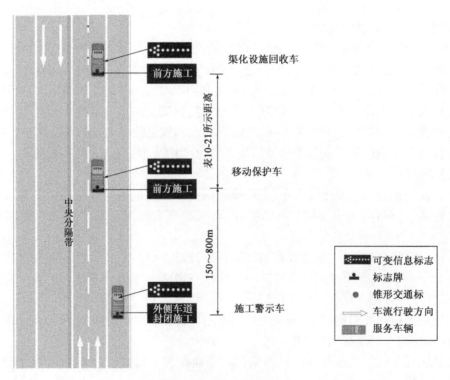

图 10-22 夜间设置渠化设施的外侧车道封闭移动施工——回收渠化设施

⑦渠化设施建议采用锥形交通标,应连续紧密设置,避免车辆碾压。

(2)夜间不设置渠化设施的外侧车道封闭移动施工。

夜间在高速公路外侧车道移动施画速干型标线时,可以不设置渠化设施,临时交通安全设施设置如图10-23和图10-24所示,施工时要注意如下几个方面:

①施工警示车应设置在硬路肩视距较好位置处,其与移动保护车之间的距离宜为150~800m。

②如果硬路肩小范围内存在障碍物,施工警示车应在不影响交通通行的前提下,迅速绕过障碍物并重新回到硬路肩。

③所有服务车辆顶部应安装高强度闪光警告灯,保证工作区具有360°可见度。

④施工车辆上应安装照明设施,移动保护车与施工警示车上宜安装照明设施,以提高夜间施工效率和行车安全性。

⑤所有服务车辆尾部应安装采用警告模式的可变箭头信号标志、便携式可变信息标志或者主动发光的施工标志。

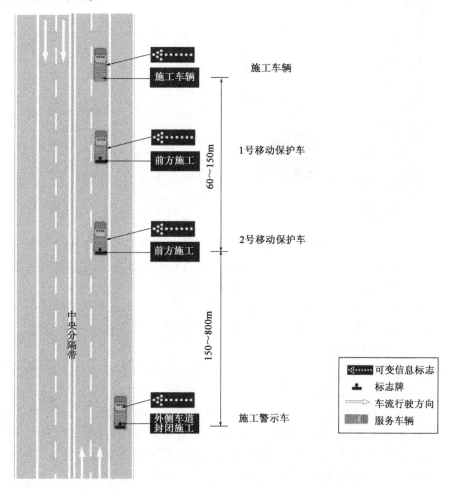

图10-23 夜间不设置渠化设施的外侧车道封闭移动施工(硬路肩较宽)

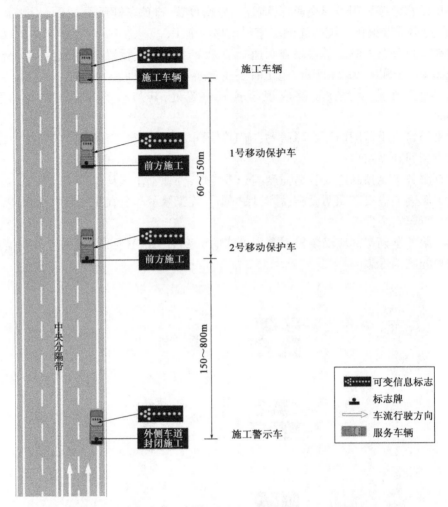

图 10-24 夜间不设置渠化设施的外侧车道封闭移动施工(硬路肩较窄)

⑥移动保护车与施工车辆之间的距离由施工移动速度和施画标线所需时间决定,为避免通行车辆驶入封闭车道,施工车辆与 2 号移动保护车之间的距离宜为 60~150m,1 号移动保护车与两车之间的距离应根据实际情况调整。

⑦如果通行车辆行驶速度不超过 50km/h,交通量不大,移动保护车具有超过 450m 的视认距离,则可以不设置施工警示车。

⑧如果施工路段硬路肩较窄,施工警示车可以占用部分车道,但应保证邻近行驶车道的宽度至少为 3m,否则可取消设置施工警示车。

⑨如果移动施工作业位于视距不良路段,为避免通行车辆驶入封闭车道,可增加移动保护车的数量,减小移动保护车与移动保护车之间以及移动保护车与施工车辆之间的距离。

⑩如果施工警示车需要占用部分内侧车道,且内侧车道的宽度至少为 3m,则夜间内侧车道封闭进行移动施工的临时交通安全设施可以参照图 10-24 进行设置。

3)夜间匝道封闭移动施工

夜间匝道封闭移动施工时的临时交通安全设施设置如图 10-25 所示,施工时应注意如下

几个方面:

(1)所有服务车辆顶部应安装高强度闪光警告灯,尾部应安装采用警告模式的可变箭头信号标志和可变信息标志。

(2)2号移动保护车设置在出口匝道三角端附近,且尾部应安装便携衰减器。

(3)所有移动保护车不应驶入主线未封闭车道。

(4)夜间匝道封闭移动施工作业应控制在15min内,否则临时交通安全设施应按照固定施工作业条件设置。

(5)如果出口匝道位于视距不良路段,应在匝道出口三角端处增设移动保护车。

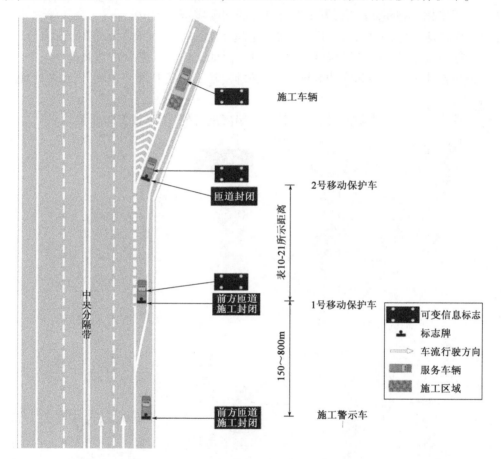

图10-25 夜间匝道封闭移动施工

10.5.4 高速公路固定施工作业区夜间临时交通安全设施设置要求

高速公路改扩建固定施工根据持续时间可以分为长期施工和短期施工。施工持续时间超过24h的施工为长期施工,有充裕的时间设置临时交通安全设施;施工持续时间不超过24h的施工为短期施工,通常采用便携式临时交通安全设施,缩短安装和拆除临时交通安全设施的时间。高速公路改扩建夜间固定施工作业区面临的问题主要是夜间可见性低、驾驶员心理和生理水平低、车辆超速行驶等,临时交通安全设施的设置应能有效控制车辆行驶速度,向驾驶员提供指路、指示、警告或者禁止等信息以及明确的行驶路线,并且能够有效地将通行车辆与夜间施工作业区隔离开来,引导车辆安全、顺畅行驶,在确保夜间施工过程中施工人员的安全与施工质量的同时,也可以最大限度地保证交通流的顺畅。

1) 夜间路肩固定施工

夜间在路肩上进行固定施工作业的临时交通安全设施设置如图10-26所示,施工应注意如下几个方面:

(1) 上游过渡区的长度 L_j 应为表10-9中数值的1/3,警告区、缓冲区的长度应能满足10.3.1节的相关要求。

(2) 使用渠化设施封闭路肩,渠化设施设置的间距应不大于10m。

(3) 工作区应在硬路肩与行车道之间设置防撞设施,宜采用可移动式防撞设施。

(4) 防撞设施顶部应安装高强度闪光警告灯,保证工作区具有360°可见度。

(5) 禁止在上游过渡区和缓冲区堆放施工材料、施工设备和施工车辆等,也禁止施工人员在其中活动。

(6) 如果采用护栏作为防撞设施,应对护栏端部进行处理,可设置防撞垫等。

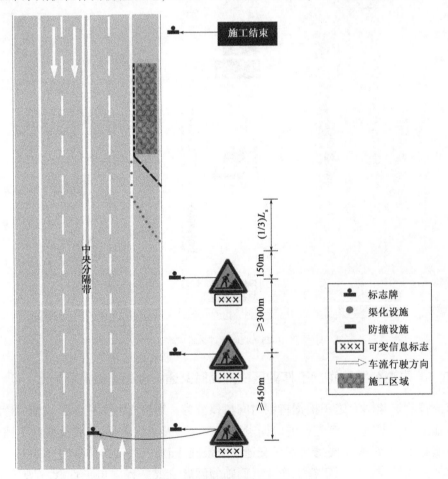

图 10-26 夜间路肩固定施工

2)夜间车道封闭固定施工

(1)夜间高速公路封闭外侧车道或者内侧车道固定施工。

夜间高速公路封闭外侧车道固定施工和封闭内侧车道固定施工的临时交通安全设施设置分别如图10-27和图10-28所示,施工应注意如下几方面:

①警告区交通标志应与闪光灯配合使用,其间距可根据实际情况适当调整,但应保证相邻两标志间的距离不小于150m。

②上游过渡区起点应选择在视距良好、没有交通流冲突位置处。

③宜采用高于90cm的交通桶作为渠化设施来分隔通行交通流和施工作业区,其设置间距至少应保证能在上游过渡区前两个交通桶顶部安装定光灯。

④在缓冲区应设置顶部装有闪光灯的Ⅱ型路栏,如果缓冲区位于视距不良路段或者经常有车辆误闯工作区的事故发生,应增设车辆闯入报警装置。

⑤如果条件受限不能满足横向缓冲区宽度的要求,则应在临近车道位置处设置旗手。

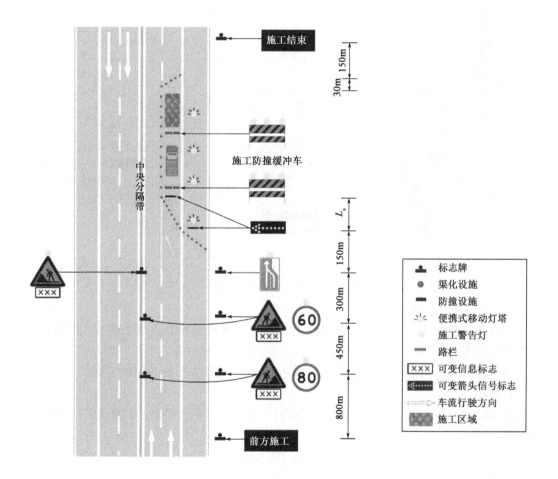

图10-27 夜间高速公路封闭外侧车道固定施工

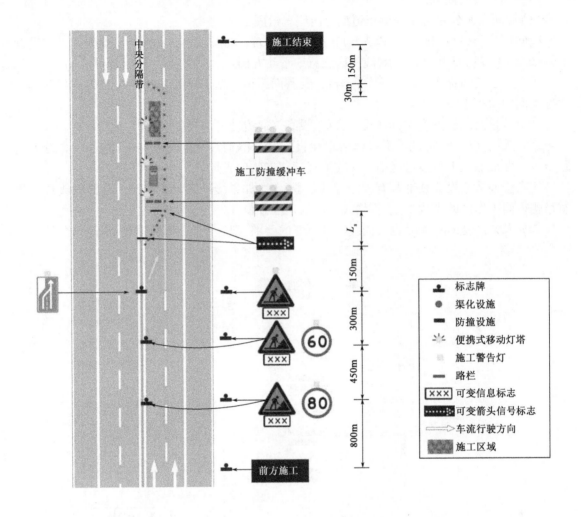

图 10-28　夜间高速公路封闭内侧车道固定施工

(2) 夜间高速公路利用硬路肩进行固定施工。

夜间高速公路利用硬路肩进行固定施工的临时交通安全设施设置如图 10-29 所示,施工应注意如下几方面:

①过渡区和缓冲区路段的硬路肩上禁止堆放施工材料、施工设备和施工车辆等,也禁止施工人员在其中活动。

②应保证施工作业路段具有良好的封闭性,如果经常有行人、牲畜穿越则应在硬路肩外侧设置隔离设施。

③如果施工作业区位于视距不良路段,则应在施工作业区路段增设轮廓标等诱导设施。

④宜采用高于 90cm 的交通桶作为渠化设施来分隔通行交通流和施工作业区,其设置间距至少应保证能在上游过渡区前两个交通桶顶部安装定光灯。

第 10 章　施工区夜间交通安全保障研究

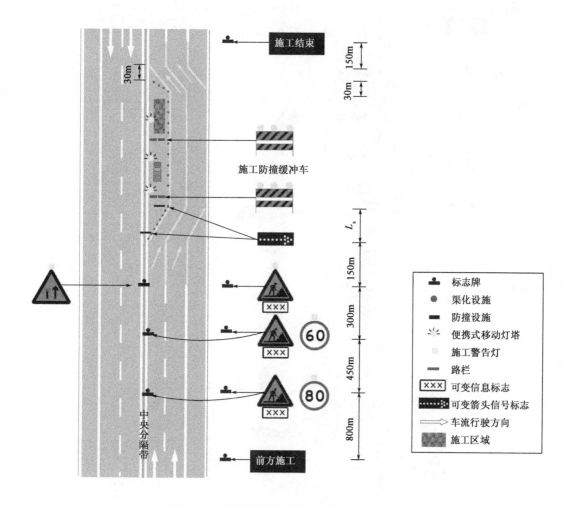

图 10-29　夜间高速公路利用硬路肩进行固定施工

(3) 夜间高速公路封闭单向交通进行固定施工。

夜间高速公路封闭单向交通进行固定施工,通行车辆可以利用对向车道行驶,其临时交通安全设施设置如图 10-30 所示,施工应注意如下几方面：

① 除了封闭方向的车道应按规定布置临时交通安全设施外,对向车道也要按规定布置相应的临时交通安全设施。

② 在双向交通流之间应设置防撞设施,防撞设施顶部应安装警告灯。

③ 工作区长度不宜超过 3km。

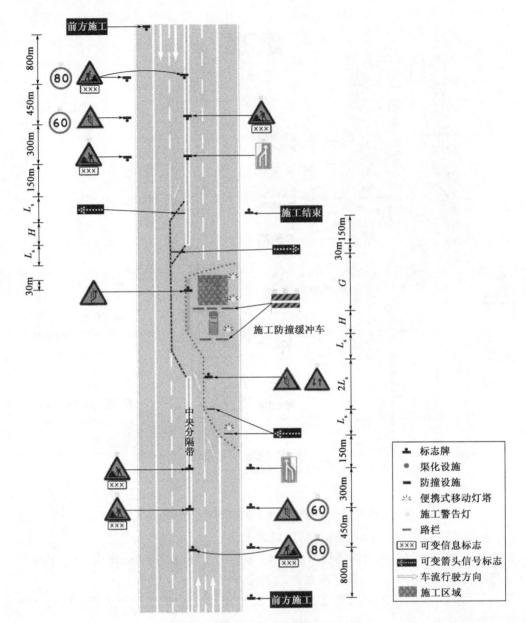

图 10-30 夜间高速公路封闭单向交通固定施工

参 考 文 献

1 法律法规

[1] 中华人民共和国道路交通安全法(2011 修正).
[2] 中华人民共和国道路交通安全法实施条例.

2 规范、标准、指南

[1] 道路交通标志和标线 第4部分:作业区(GB 5768.4—2017).
[2] 公路工程技术标准(JTG B01—2014).
[3] 高速公路改扩建设计细则(JTG/T L11—2014).
[4] 高速公路交通工程及沿线设施设计通用规范(JTG D80—2006).
[5] 高速公路改扩建交通工程及沿线设施设计细则(JTG/T L80—2014).
[6] 公路养护安全作业规程(JTG H30—2015).
[7] 公路交通安全设施设计规范(JTG D81—2017).
[8] 公路交通安全设施设计细则(JTG/T D81—2017).
[9] 公路交通标志和标线设置规范(JTG D82—2009).
[10] 公路护栏安全性能评价标准(JTG B05-01—2013).
[11] 道路交通标线质量要求和检测方法(GB/T 16311—2009).
[12] 道路交通反光膜(GB/T 18833—2012).
[13] 道路交通标志板及支撑件(GB/T 23827—2009).
[14] LED 主动发光道路交通标志(GB/T 31446—2015).
[15] 公路交通工程钢构件防腐技术条件(GB/T 18226—2015).
[16] 一般工业用铝及铝合金挤压型材(GB/T 6892—2015).
[17] 路面标线涂料(JT/T 280—2004).
[18] 高速公路交通标志和标线设置规范(DB 45/T 954—2020).
[19] 公路养护技术规范(JTG H10—2009).
[20] Federal Highway Administration. Manual on Uniform Traffic Control Devices for Streets and Highways (MUTCD)[S]. Washington D. C., Department of Transportation:2003.

3 研究报告、书籍、论文、统计数据

[1] 西部交通建设科技项目"公路路侧安全等级评估及防护方法研究"研究报告,2004.
[2] 西部交通建设科技项目"公路交通标志标线设置有效性研究"研究报告,2008.
[3] 西部交通建设科技项目"公路交通安全手册研究"研究报告,2005.

[4] 唐琤琤,张铁军,何勇,等. 道路交通安全评价[M].北京:人民交通出版社,2008.

[5] 郭忠印,方守恩. 道路安全工程[M]. 北京：人民交通出版社,2003.

[6] 周海涛. 轻型高速公路理论与探索[M].北京：人民交通出版社,2013.

[7] AASHTO. Highway Safety Manual[J]. Institute of Transportation Engineers Journal, 2010(6):20.

[8] AASHTO. Highway Safety Design and Operations Guide[M]. Washington D. C.: American Association of State Highway and Transportation Official,1997.

[9] AASHTO. Roadside Design Guide[M]. Washington D. C.: American Association of State Highway and Transportation Official,2002.

[10] AASHTO. A Policy on Geometric Design of Highways and Streets[M]. Washington D. C.: American Association of State Highway and Transportation Official,2011.

[11] Austroads. Road Safety Audit[M]. 2nd ed. 2002.

[12] FHWA. Manual on Uniform Traffic Control Devices for Streets and Highways[M]. Washington D.C: Dept. of Transportation, Federal Highway Administration,2009.

[13] 公安部交通管理局. 2017 中华人民共和国道路交通事故统计年报[R]. 北京：人民交通出版社, 2017.

[14] RICHARDS S H, DUDEK C L. Field Evaluation of Traffic Management Strategies for Maintenance Operations in Freeway Middle Lanes[J]. Transportation Research Record, 1979: 31-36.

[15] DUDEK C L, RICHARDS S H. Traffic Capacity Through Urban Freeway Work Zones in Texas[J]. Transportation Research Record, 1982, 869: 15-18.

[16] CHIEN S, SCHONFELD P. Optimal Work Zone Lengths for Two-lane Highways[J]. Journal of Transportation Engineering, 2001, 127(2): 124-131.

[17] JIANG Y. Dynamic Prediction of Traffic Flow and Congestion at Freeway Work Zone [J]. Journal of Construction Education,2002,7(1):45-57.

[18] Minnesota Department of Transportation. Temporary Traffic Control Zone Layout Field Manual. Minnesota[J]. USA. January, 2001.

[19] KIM T, LOVELL D J, PARACHA J. A New Methodology to Estimate Capacity for Freeway Work Zone[C]// Transportation Research Board Annual Meeting. Washington D. C., 2001: 1124-1137.

[20] AL-KAISY A, Hall F. Guidelines for Estimating Freeway Capacity at Long-Term Reconstruction Zones[M/CD]. Preprints of the Transportation Research Board 81th Annual Meeting, Washington D. C., January 2002.

[21] SISIOPIKU V P, LYLES R W. Study of Speed Patterns in Work Zone[C]. The 78th Annual Meeting Transportation Research Board,1999: 1-9.

[22] KHATTAK A J, COUNCIL F M. Effects of Work Zone Presence on Injury and Non-injury Crashes[J]. Accident Analysis & Prevention, 2002, 34(1): 19-29.

[23] DIXON K K, HUMMER J E, ROUPHAIL N M. Comparison of Rural Freeway Work Zone

Queue Length Estimation Techniques: A Case Study[M/CD]. Preprints of the Transportation Research Board 77th Annual Meeting, Washington D. C. ,1998.

[24] MIGLETZ J, GRAHAM J L, ANDERSON I B, et al. Work Zone Speed Limit Procedure [M/CD]. Preprints of the Transportation Research Board 78th Annual Meeting, Washington D. C. ,1999.

[25] JIANG Y. Traffic Capacity,Speed and Queue-Discharge Rate of Indiana's Four-Lane Freeway Work Zones[R]. Indiana: Department of Transportation Division of Research, 1999.

[26] DIXON K K, HUMMER J E, LORSCHEIDER A R. Capacity for North Carolina Freeway Work Zones[J]. Transportation Research Record, 1995: 27-34.

[27] 吴兵,杨佩昆. 道路养护作业时的交通事故风险度预测[J]. 人类工效学,1995(2): 32-34.

[28] 吴兵,刘开平. 公路施工、养护安全评价与对策研究[J]. 上海公路,1994(3): 61-70.

[29] 廖济枰. 高速公路养护危险性现场空间分析[J]. 中外公路,2003, 23(4): 112-113.

[30] 吴新开,吴兵. 高速公路养护维修作业区行车速度控制方法探讨[J]. 公路,2004(7): 132-137.

[31] 张丰焰,周伟,王元庆,等. 高速公路改扩建工程交通组织设计探讨[J]. 公路,2006(1): 109-113.

[32] 冯道祥. 连霍高速公路郑州段改建工程保通方案研究[D]. 南京:东南大学,2006.

[33] 曲向进. 沈大高速公路改扩建工程技术方案研究[D]. 大连:大连理工大学,2003.

[34] 龚万斌,曹志林,陈树杰. 沪宁高速扩建丹阳互通工程交通组织方案[J]. 西部探矿工程,2005, 17(21): 358-359.

[35] 周茂松,吴兵,盖松雪. 高速公路养护维修作业区通行能力影响因素的微观仿真研究[J]. 交通与计算机,2004, 22(6): 54-57.

[36] 冯超铭. 高速公路施工作业区的安全管理[J]. 广东交通职业技术学院学报,2004(1): 40-42.

[37] 李永义. 高速公路施工路段交通组织方案设计与评价研究[D]. 南京:东南大学,2006.

[38] 何小洲,过秀成,吴平,等. 高速公路施工区交通特性分析[J]. 公路,2005(12): 110-115.

[39] 李硕,谌志强. 高速公路加宽扩建中临时交通标志设计[J]. 交通科技,2006(5): 77-79.